무의식 이론과 인공지능

Theory of the Unconscious and Artificial Intelligence

정구창

북트리

무의식 이론과 인공지능

Theory of the Unconscious and Artificial Intelligence

정구창

북트리

목차

05 · 머리말

09 · 서론

19 · 본론

137 · 결론

머리말

지금까지 우리는 우리 자신이 어떻게 생각하고, 자신의 능력이 향상되는 과정에 대해서 깊게 생각해 보지 않았습니다.

곰곰이 생각해 보면, 우리는 자신 스스로에 대해서 고민해 보지 않았다는 것을 느낄 수 있습니다.

인간은 어떻게 생각하며, 판단하며, 새로운 것을 상상하는 것일까요? 이것에 대한 궁금증에 대하여 고민해 보며, 방향을 제시 하려고 합니다. 어쩌면 이것은 인간이 지금까지 알지 못하던 중요한 비밀이 될 수 있습니다.

인간과 자신에 대하여 고민하는 것은 철학에서 고대부터 내려온 주제입니다. 이것에 대해서 종교적 해석, 해부학적 해석, 진화론적 해석들 여러가지가 있습니다. 여기에서는 다른 방식인 소프트웨어적인 해석을 해보려고 합니다.

소프트웨어적인 지식이 없어도 이미 일반화된 용어와 컴퓨터를 사용하면서 겪게 되는 현상을 예시로 설명해 보려고 합니다.

과학의 발전(인공지능, 양자 컴퓨터, 소프트웨어)으로 이제는 이런 방식도 가능한 시기가 되었습니다. 인간이 생각하는 방식을 이해하면, 이것을 인공지능에 활용할 수도 있습니다. 인간이 어떻게 생각하는지 이해한다는 것은 매우 유익합니다.

Until now, we haven't deeply considered how we think and the process by which our abilities improve.

If we think carefully, we realize we haven't really considered ourselves.

How do humans think, judge, and imagine new things? I'll explore these questions and offer some direction.

Perhaps this could be a crucial secret that humanity has never known before.

Contemplating humanity and ourselves is a topic of philosophy that has been passed down from ancient times. There are various interpretations, including religious, anatomical, and evolutionary. Here, I'll explore a different approach, a software-based one.

I'll explain this phenomenon using common terminology and examples of computer-based phenomena, even without software knowledge.

Advances in science (artificial intelligence, quantum computers, software) have made this approach possible. Understanding how humans think can be leveraged for artificial intelligence. Understanding how humans think is incredibly beneficial.

서론

✱ 무의식 이론의 체계적인 정립

인간의 무의식을 체계적으로 정립한 사람은 프로이트(Sigmund Freud, 1856년 출생)입니다.

프로이트는 무의식을 최초로 발견한 사람은 아닙니다. 그러나 무의식을 과학적으로 연구하여 많은 성과를 남겼습니다.

프로이트는 인간이 이성적인 의식이 아니라 무의식의 지배를 받고 있다는 것을 명확하게 하였습니다.

프로이트는 인간의 무의식 현상에 대하여 학술적인 연구를 하였으나, 무의식의 근본적인 원리에 대해서는 설명을 하지 못하였습니다.

✱ 인공지능과 인간의 관계

인간의 뇌에 있는 뉴런(neuron)을 기반으로 인공지능이 발전을 하였습니다. 이것은 인공지능의 동작을 이해하고, 인간에게 적용하면 인간의 생각하는 방식을 이해 할 수 있을 것입니다.

동일한 구조인 뉴런(neuron)을 기반으로 동작한다는 공통점이 있기 때문에 같거나 유사한 현상이 나오게 되어야 합니다.

✱ Systematic Establishment of the Theory of the Unconscious

Sigmund Freud (born 1856) was the first to systematically establish the human unconscious.

Freud was not the first to discover the unconscious. However, he achieved significant success through his scientific study of it.

Freud clearly demonstrated that humans are governed by the unconscious, not by rational consciousness.

Although Freud conducted academic research on the phenomenon of the human unconscious, he failed to explain its fundamental principles.

✱ The Relationship between Artificial Intelligence and Humans

Artificial intelligence has developed based on the neurons in the human brain. Understanding the operation of artificial intelligence and applying this to humans will allow us to understand human thought patterns.

Because they share the commonality of operating on the same neuron structure, similar or similar phenomena should emerge.

* **인공지능의 이해**

 인공지능은 내부 판단 알고리즘을 미리 만들고, 이 알고리즘이 성장하는 시스템입니다.

 인공지능은 어떠한 결과를 만들기 위해서 내부에 판단을 위한 알고리즘을 미리 만들어 둡니다.
 글자를 입력하면 확인을 하는 인공지능의 경우 글자에 대한 판단 알고리즘이 있습니다.

 인공지능은 학습을 하는 시스템입니다.
 바둑 인공지능이 좋은 예시가 됩니다.
 많은 데이터가 모일 수록 더 강한 바둑 인공지능이 됩니다.

* **인공지능의 특징을 인간에게 적용**

 인간에게 판단 알고리즘이 있다는 것은 당연합니다.
 아름다움에 대한 판단, 옳다는 것에 대한 판단 등 많은 판단 알고리즘이 있습니다.

 인간이 학습을 한다는 것도 당연합니다.

* Understanding Artificial Intelligence

AI is a system that builds internal judgment algorithms in advance, and these algorithms grow.

AI builds internal judgment algorithms to produce certain results.

For example, an AI that verifies input has a judgment algorithm for the letters.

AI is a learning system.

A good example is the Go AI.

The more data it collects, the stronger the Go AI becomes.

* Applying the Characteristics of AI to Humans

It's natural for humans to have judgment algorithms.

There are many judgment algorithms, such as those for judging beauty and judging correctness.

It's also natural for humans to learn.

* 인간과 인공지능의 차이점

인간과 인공지능의 중요한 차이점은 스스로 판단 알고리즘을 만드는 기능이라고 생각합니다. 이것은 아직 인간이 만들지 못하는 기능입니다.

인간이 만든 인공지능은 새로운 기능을 스스로 추가하지 못합니다.
인간은 새로운 것을 배우면서 스스로 알고리즘을 추가하는 능력을 가지고 있습니다. 인공지능의 최종 목표는 스스로 학습하는 것이라고 생각합니다.

인간이 스스로 학습하는 것이 가능한 이유는 이성입니다.
이성은 논리적인 사고 능력이라 할 수 있습니다.
무의식은 논리가 아니기 때문에 이성이 아닙니다.

* 무의식의 학습

인공지능의 학습이 진행되려면, 판단의 근거가 있어야 합니다.
'좋다' 또는 '나쁘다'의 판단이 있어야 학습이 진행될 수 있습니다.

인간의 경우는 이성이 판단을 하여 무의식을 성장 시키게 됩니다.
'학습하는 시스템'과 '판단하는 시스템'을 사용하여 인간은 발전하게 됩니다.

✻ Differences Between Humans and Artificial Intelligence

I believe the key difference between humans and artificial intelligence is the ability to create their own judgment algorithms. This is a capability that humans are not yet capable of creating.

Human-created artificial intelligence cannot add new functions on its own. Humans have the ability to add algorithms on their own as they learn new things. I believe the ultimate goal of artificial intelligence is self-learning.

The reason humans can learn on their own is reason.
Reason can be defined as the ability to think logically.
The unconscious is not rational because it is not logical.

✻ Unconscious Learning

For AI to learn, there must be a basis for judgment.

Learning requires judgments of "good" or "bad."

In the case of humans, reason makes judgments and fosters the development of the unconscious.

Humans develop by utilizing "learning systems" and "judgment systems."

✱ 인간의 사고

의식은 이성이라고 할 수 있습니다.

무의식은 이성의 반대편이라 할 수 있으며, 명확한 정의를 하기가 어렵습니다. 너무나 많은 역할을 하고 있기 때문입니다.

새로운 생각이라는 창의력은 무의식의 영역이며, 어떻게 동작하는지 알지 못합니다.

무엇을 하려는 욕망 또한 동작 원리를 모르는 상태입니다.

의식은 작은 시스템이며, 무의식은 거대한 시스템이라고 할 수 있습니다.

무의식에는 판단 알고리즘, 학습 능력, 창의력, 욕망 등의 기능이 있습니다.

"인간이 어떻게 생각하지 알게 된다."는 것은 스스로에 대한 이해입니다. 고대로부터 내려오는 중요한 철학적인 주제일 뿐 아니라 자신의 성장에 중요합니다.

∗ Human Thought

Consciousness can be considered the opposite of reason.

The unconscious is the opposite of reason, and it's difficult to define clearly because it plays so many roles.

Creativity, the essence of new ideas, is the realm of the unconscious, and we don't know how it works.

The desire to do something also exists without knowing how it works.

Consciousness is a small system, and the unconscious is a vast system.

The unconscious contains functions such as judgment algorithms, learning abilities, creativity, and desires.

"Understanding how humans think" is a way to understand ourselves. It's not only an important philosophical topic from ancient times, but also crucial for personal growth.

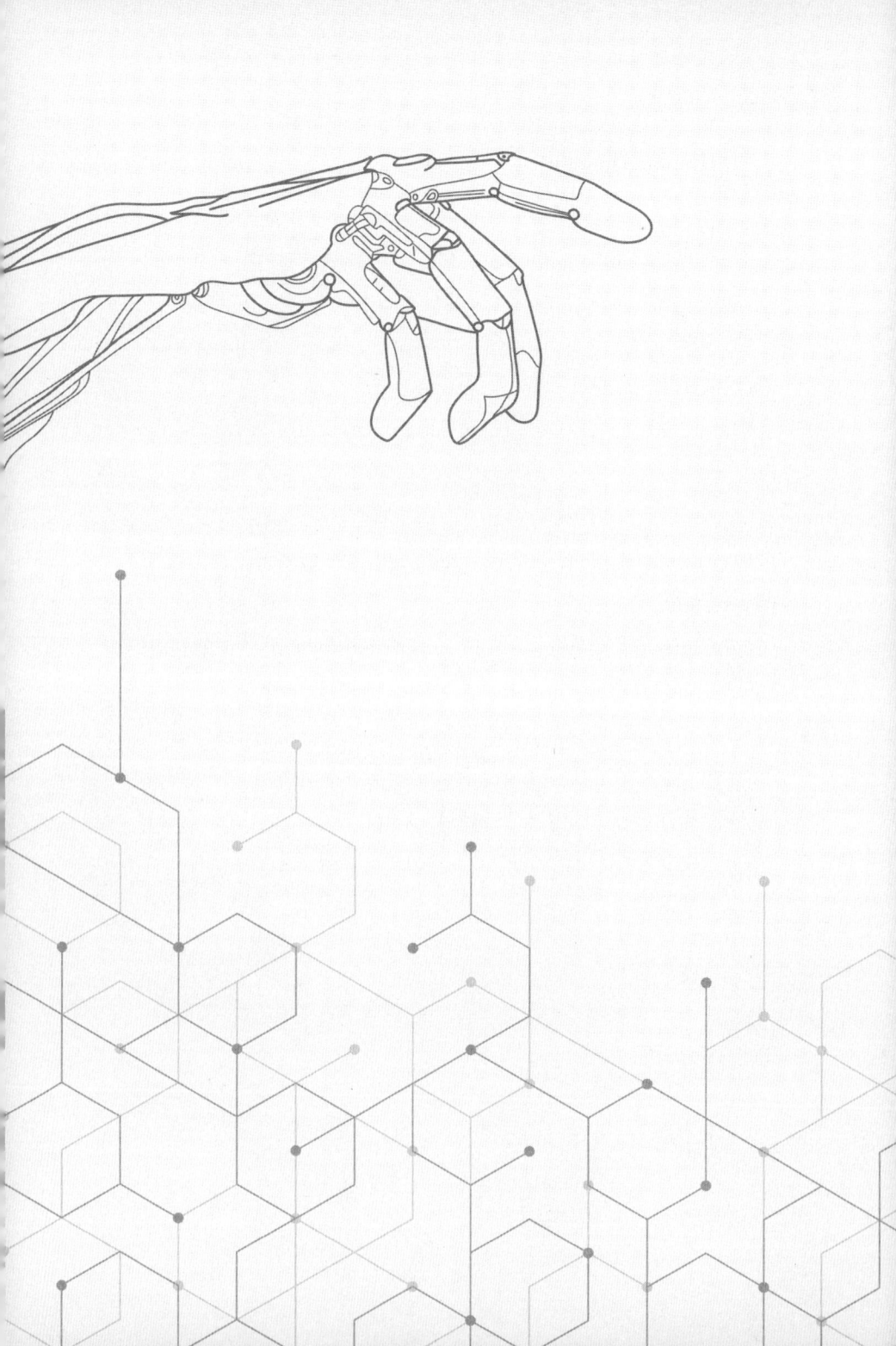

본론

인간의 무의식을 체계적으로 정립한 사람은 프로이트(Sigmund Freud, 1856년 출생)입니다. 인간의 무의식의 현상에 대해서는 고대부터 알고 있었으나 과학적인 방법론에 의해서 연구를 하였습니다. 프로이트는 무의식의 근본적인 원리에 대해서 설명하지 못했습니다.

무의식은 의식하지 못하는 모든 것이라고 할 수 있습니다. 스스로 의식하지 못하는 것이 작은 영역이라고 생각할 수 있습니다. 그러나 대부분의 사람들은 의식보다 무의식에 영향을 많이 받으며 살아가고 있습니다.

무의식이 인간이 살아가는데 많은 영향력이 있기 때문에, 무의식에 대해서 이해하는 것이 중요합니다.

Sigmund Freud (born 1856) was the first to systematically define the human unconscious. While the phenomenon of the unconscious has been known since ancient times, Freud studied it using scientific methodologies. However, Freud failed to explain the fundamental principles of the unconscious.

The unconscious can be defined as everything we are not conscious of. We might think of the area we are unaware of as a small part of ourselves. However, most people live their lives influenced by the unconscious more than by the conscious.

Because the unconscious has such a profound influence on human life, understanding it is crucial.

* **무의식의 판단 알고리즘에 대하여**

무의식은 여러가지 영역이 있습니다. 무의식의 판단 알고리즘에 대하여 논의 해보겠습니다.

* **무의식의 판단 알고리즘**

무의식이 인간에게 영향을 많이 주는 이유는 판단 알고리즘이 있기 때문입니다.

무의식에는 판단을 하는 알고리즘에는 우리가 인식하는 논리적인 절차가 존재하지 않습니다. 논리적인 절차가 없는 판단은 무의식에서 나온다고 생각할 수 있습니다.

"논리적이지 않다."는 절차적인 판단 과정이 없었다는 것을 의미합니다.

인간은 언어로 판단의 과정을 가지고 결과는 내는 경우와 판단의 과정이 없이 결과가 나오는 경우가 있습니다.

'좋아하는 색', '좋아하는 노래', '가고 싶은 장소', '아름다움에 대한 판단' 등 많은 것이 있습니다.

∗ About the Judgment Algorithm of the Unconscious

The unconscious has many domains. Let's discuss the judgment algorithm of the unconscious.

∗ The Judgment Algorithm of the Unconscious

The reason the unconscious has such a profound influence on humans is because of the existence of judgment algorithms.

The judgment algorithms of the unconscious lack the logical processes we perceive. Judgments without logical processes can be thought of as coming from the unconscious.

"Illogical" means there was no procedural judgment process.

Humans sometimes produce results through a judgment process using language, and sometimes without a judgment process.

This includes "favorite color," "favorite song," "places I want to visit," and "judgments about beauty."

＊ 좋아하는 색과 무의식

좋아하는 색이 명확하신 분도 있고, 그렇지 않은 분도 있습니다. 좋아하는 색의 판단 근거는 논리적으로 명확하지 않을 수 있습니다. 그냥 좋아 한다고 생각하고 있었으나 논리적인 절차를 거치지 않은 상태인 분들이 많습니다. 이것은 의식이 아니라 무의식의 결정한 근거가 됩니다.

"왜 이 색을 좋아 하십니까?"라는 질문을 하면 명확한 답변을 하는 경우가 많지 않습니다.

무의식적으로 생각난 색은 의식에서 결정한 것이 아닙니다.

무의식에서 좋아하는 색이 생각났으나, 논리적으로 고민하여 좋아하는 색을 변경하는 경우가 있습니다. 논리적으로 고민한다는 것은 의식을 사용했다는 것을 알 수 있습니다.

무의식과 의식이 같은 판단을 하지 않을 수도 있다는 것을 알 수 있습니다. 좋아하는 색에 대하여 논리적으로 고민하신 분들은 의 경우 명확한 답변을 하실 수 있습니다.

∗ Favorite Colors and the Subconscious

Some people have a clear favorite color, while others don't. The basis for deciding a favorite color may not be logically clear. Many people simply think they like a color, but they haven't gone through the logical process. This is the basis for their unconscious, not conscious, decisions.

When asked, "Why do you like this color?", a clear answer is often not given.

Colors that come to mind unconsciously are not consciously decided.

Sometimes, a favorite color comes to mind unconsciously, but after logical consideration, they change their favorite color. This logical consideration demonstrates the use of conscious thought.

This demonstrates that the subconscious and conscious minds may not make the same judgments. Those who have logically considered their favorite color can provide a clear answer in this case.

✻ 아름다움의 판단과 무의식

인간이 아름다움을 판단하는 알고리즘은 이론적으로 추측의 단계입니다. 사진 같은 이미지에서 아름답다는 판단을 하며 모든 인간이 공통적인 판단을 합니다.

판단의 과정이나 근거가 명확하지 않으나 공통적인 판단을 한다는 것이 신기합니다. 일상에서 너무나 당연한 사실이기 때문에 쉽게 생각하는 부분입니다.

아름다움의 판단이 어떻게 공통적으로 가능한지 의문이 듭니다.

✱ Judgment of Beauty and the Subconscious

The algorithm by which humans judge beauty is theoretically a matter of guesswork. We judge an image, such as a photograph, as beautiful, and all humans make the same judgment.

It's fascinating that we make this judgment, even though the process or basis for it isn't clear. It's something we take for granted because it's so commonplace in our daily lives.

I wonder how a common judgment of beauty can be achieved.

✻ 인공지능과 무의식의 공통점

과정이나 명확하지 않은 근거로 판단하는 방식은 인간이 만든 인공지능 방식입니다.

인공지능은 어떠한 결과를 만들기 위해서 내부에 판단을 위한 알고리즘을 미리 만들어 둡니다.

글자를 입력하면 확인을 하는 인공지능의 경우 글자에 대한 판단 알고리즘이 내부에 있습니다. 인공지능이 이미지에서 특정한 물체를 찾는 방식도 비슷합니다.

인공지능은 학습을 통하여 더 정확한 판단을 하게 됩니다. 인간도 학습을 통하여 성장한다는 공통점이 있습니다.

인공지능은 판단의 과정이나 근거를 설명해 주지 않습니다. 이것은 인간의 무의식이 판단을 할 때와 동일합니다.

인간이 만든 인공지능과 인간의 무의식에서 공통점이 있다는 점이 중요합니다. 인공지능에서 알게 된 사실을 인간에게 적용한다면 인간의 생각과 판단의 방식을 알게 될 수도 있습니다.

∗ Commonalities Between AI and the Unconscious

Judging based on processes or unclear evidence is a human-created AI method.

AI pre-establishes internal algorithms for judgment to produce a certain result.

For example, AI that verifies input text has an internal algorithm for judging the text. The way AI finds specific objects in images is similar.

AI learns to make more accurate judgments. Humans also learn and grow through learning, a commonality.

AI does not explain the process or basis for its judgments. This is the same as when the human unconscious makes judgments.

It is important to note that human-created AI and the human unconscious share similarities. Applying what AI has learned to humans can shed light on human thought and judgment.

＊ 인공지능과 무의식이 공통점이 많은 이유

인공지능에서 알게 된 사실을 인간에게 적용을 하려면 근거가 필요합니다.

인공지능은 인간의 뇌에 있는 뉴런(neuron)을 기반으로 발전이 되었습니다. 인공지능과 인간의 두뇌는 기본 원리가 동일하다는 의미입니다. 기본 원리가 동일하다면 공통 현상이 많은 것이 당연합니다.

인공지능이 발전하여 인간과 비슷한 상태가 되면 인간의 사고를 명확하게 알게 될 수 있습니다. 그러나 인공지능은 지금 많은 발전을 하는 단계입니다.

인공지능에서 인간에게 고려해봐 할 특징을 나열해 보겠습니다.
1. 인공지능은 미리 만들어 진 알고리즘이 있다.
2. 인공지능은 학습을 통해서 알고리즘이 성장을 한다.
3. 인공지능은 판단의 결정 과정이 숨겨져 있다.

2번과 3번은 인간의 무의식에서 확인된 사실입니다.
1번에 대해서 고민을 해야 합니다.

✱ Why Artificial Intelligence and the Unconscious Mind Have Many Similarities

Applying what we've learned from artificial intelligence to humans requires a foundation.

Artificial intelligence was developed based on neurons in the human brain. This means that AI and the human brain share the same fundamental principles. If these fundamental principles are the same, it's only natural that there are many common phenomena.

As AI develops to a level similar to humans, we will be able to clearly understand human thought. However, artificial intelligence is still in a state of significant development.

Let's list some characteristics of artificial intelligence that should be considered compared to humans.
1. Artificial intelligence has pre-built algorithms.
2. Artificial intelligence algorithms grow through learning.
3. Artificial intelligence has a hidden decision-making process.

Numbers 2 and 3 are facts confirmed in the human unconscious. We need to consider number 1.

＊ 인간의 무의식에 미리 만들어진 알고리즘이 있을까

무의식의 판단 알고리즘이 태어나면서 이미 존재하는 것인지 태어난 이후 형성되는 것인지 결정해야 합니다.

인간은 공통되는 판단 알고리즘이 있다는 것은 아름다움에 대한 판을 보면 알 수 있습니다. 태어난 이후 형성이 된다면 공통되는 판단 알고리즘이 나타날 수 없습니다.

교육이나 학습을 통해서 이러한 판단 알고리즘이 변화 또는 성장을 하기 때문에 완전히 동일한 판단을 하지는 않습니다. 그러나 보편적인 특징이 있다는 것은 사실입니다.

무의식의 보편적인 특징은 무의식의 판단 알고리즘이 태어나면서 이미 존재하고 있다는 사실을 설명해 줍니다.

동물의 경우를 보면, 무의식의 판단 알고리즘이 태어나면서 이미 존재한다는 사실을 더 명확하게 알 수 있습니다.

동일한 종의 경우, 매우 유사한 판단 알고리즘을 가지고 있습니다.

인간이나 동물은 언어를 사용하지 않는 판단 알고리즘을 가지고 있으며, 태어나면서 이미 존재 한다고 할 수 있습니다.

∗ Are there pre-built algorithms in the human unconscious?

We must decide whether the unconscious judgment algorithm is already present at birth or is formed after birth.

The fact that humans possess a common judgment algorithm can be seen in the beauty judgment. If they were formed after birth, a common judgment algorithm could not emerge.

Since these judgment algorithms change or develop through education and learning, they do not produce completely identical judgments. However, it is true that they possess universal characteristics.

The universal nature of the unconscious explains why the unconscious judgment algorithm is already present at birth.

Looking at animals, we can see more clearly that unconscious judgment algorithms are already present at birth. Even within the same species, they possess very similar judgment algorithms.

Humans and animals have judgment algorithms that do not use language, and they can be said to be present at birth.

＊ 무의식의 알고리즘은 어떻게 태어날 때부터 존재할 수 있을까

인간이나 동물의 무의식에 미리 존재하는 알고리즘을 과학적으로 설명할 수가 없습니다.

아름다움을 판단하는 알고리즘은 모든 인간이 비슷하게 가지고 있어야 합니다. 이러한 복잡한 알고리즘이 랜덤 방식으로 형성이 된다는 것은 불가능합니다.

아름다움을 판단하는 알고리즘이 교육으로 형성된다는 것도 불가능합니다. 교육으로 알고리즘이 성장하는 것은 가능하나 초기 형성이 교육으로 되는 것은 아닙니다. 지역이나 시대를 다르게 하더라도 아름다움에 대한 판단은 보편성을 가진다고 있습니다.

모든 인간이 세대를 거치면서 유사한 무의식을 가진다는 사실은 두뇌의 하드웨어 구조 뿐 아니라 판단에 대한 소프트웨어가 유사해야 한다는 사실입니다.

지금까지 세대를 거치면서 유전적으로 어떻게 변화하는지 많은 연구를 하였습니다. 이제는 판단을 하는 복잡한 알고리즘이 어떻게 존재하며 공통적인 보편성을 가질 수 있는 고민해야 합니다.

＊ How can unconscious algorithms exist from birth?

It is scientifically impossible to explain the algorithms that preexist in the unconscious of humans or animals.

All humans must possess a similar algorithm for judging beauty. It is impossible for such a complex algorithm to be formed randomly.

It is also impossible for an algorithm for judging beauty to be formed through education. While it is possible for an algorithm to develop through education, its initial formation is not determined by education. It is said that beauty judgments are universal, even across different regions or eras.

The fact that all humans possess a similar unconscious across generations demonstrates that not only the brain's hardware structure but also the software for judgment must be similar.

We have conducted extensive research on how genetic changes occur over generations. Now, we must consider how complex algorithms for judgment exist and how they can possess universality.

✱ 의식의 동작에 대하여

무의식은 동작은 과정은 알 수 없고 결과만 알 수 있다는 제약으로 설명하기가 어려웠습니다. 인공지능에서 알게 된 것을 무의식에 적용하여 설명하였습니다.

의식의 동작은 우리가 논리적으로 생각하는 동작입니다.

✱ 의식은 언어를 기반으로 동작

인간의 의식은 논리의 영역이며, 이것은 언어를 기반으로 동작합니다. 무의식과 다르게 결정의 과정을 알 수 있습니다. 논리적인 과정을 거쳐서 판단의 결과가 나오게 됩니다.

언어를 기반으로 하기 때문에 명확하게 스스로 인지할 수 있는 과정입니다. 그리고 언어로 설명을 할 수도 있습니다.

✶ Consciousness is based on language

Human consciousness is the realm of logic, and it operates based on language. Unlike the unconscious, it can understand the decision-making process. The results of judgments are derived through a logical process.

Because it's based on language, it's a process we can clearly perceive ourselves. Furthermore, it can be explained in language.

✶ Regarding the workings of consciousness

The unconscious has been difficult to explain due to the limitation that we can only know the results, not the process. This explanation was developed by applying what we've learned from artificial intelligence to the unconscious.

The workings of consciousness are the logical processes we use to think.

✱ 무의식은 이미지를 기반으로 동작

의식이 언어라면, 무의식은 이미지를 기반으로 동작합니다. 여기서 이미지는 정보의 덩어리 라고 생각하시면 됩니다.

무의식의 정보에는 아이디어가 있습니다. 갑자기 떠오른 아이디어는 구체적인 언어로 되어 있지 않습니다. 이 아이디어를 언어로 구체적으로 묘사하는 과정이 필요합니다.

좋은 아이디어가 생각났는데, 의식의 영역으로 가져오지 않으면 그 아이디어를 잊어버릴 수 있습니다. 무의식의 영역의 정보이기 때문입니다.

✱ The unconscious operates based on images

If consciousness is language, then the unconscious operates based on images. Here, images can be thought of as chunks of information.

Information in the unconscious contains ideas. Ideas that suddenly pop up aren't expressed in concrete language. A process of concisely describing these ideas in language is necessary. If you have a good idea, but don't bring it into your conscious mind, you may forget it. This is because it's information in the unconscious mind.

✱ 의식은 무의식의 결과를 참고하여 결정

좋아하는 색에 대하여 무의식적으로 떠오른 색이 있습니다. 의식은 여기에 논리적인 사고를 하여 변경할 수도 있습니다.

의식과 무의식이라는 두 개의 시스템이 사용하고 있다는 것을 알 수 있습니다. 두 개의 시스템을 사용하면 유리한 점이 무엇일까 고민해 보아야 합니다.

의식은 논리적인 결과를 만들기에 유리합니다. 반대로 무의식은 논리가 불가능한 경우에 해답을 찾을 수 있습니다. 의식이 좋아하는 색을 결정하는 방법은 모든 색을 다 검토하고 결정하는 방법입니다. 색을 사용하는 상황까지 고려하여 완벽하게 논리적으로 결정을 하는 것은 불가능합니다.

무의식이 좋아하는 색을 결정하는 방법은 의식이 인지하지 못하는 과정을 거쳐서 결정되는 방식입니다. 논리적이 과정이 없는 방식입니다.

의식에서 무의식을 결과를 검토하는 방식이 정상적으로 동작하려면 의식보다 무의식의 결정이 빨라야 합니다. 상황에 따라서 의식은 무의식을 결과를 검토하지 않을 때도 많이 있습니다.

✻ The conscious mind makes decisions based on the results of the unconscious mind.

When it comes to favorite colors, there are colors that come to mind unconsciously. The conscious mind can also change these colors through logical reasoning.

We can see that two systems, the conscious and the unconscious, are in use. We should consider the advantages of using both systems. The conscious mind is better at producing logical results. Conversely, the unconscious mind can find solutions where logic is impossible.

The conscious mind determines its favorite color by examining all colors before making a decision. It is impossible to make a perfectly logical decision, considering the context in which the color will be used.

The subconscious mind determines its favorite color through a process that the conscious mind is unaware of. This process lacks logic.

For the conscious mind to review the results of the unconscious mind to function properly, the subconscious mind must make decisions faster than the conscious mind. Depending on the situation, the conscious mind often neglects to review the results of the unconscious mind.

✱ 의식과 무의식의 일치

의식과 무의식의 일치라는 것은 의식과 무의식이 동일한 결과는 내는 경우를 이야기 합니다.

좋아하는 색에 대해서 의식과 무의식이 일치하지 않을 수 있습니다. 때로는 무의식에서 나온 결과를 의식에서 검토하지 않고 그냥 답변하는 경우도 있습니다.

의식과 무의식이 일치하지 않는 경우, 학습을 통하여 무의식이 변화하여 의식과 일치하게 되는 것이 일반적입니다. 학습을 하려면 결과에 대한 피드백이 필요합니다. 결과에 대한 피드백은 의식에서 주로 담당합니다. 의식이 중요한 이유가 여기에 있습니다.

의식과 무의식이 일치되는 과정은 변증법의 방식으로 동작을 합니다. 무의식의 판단 결과에 대해서 의식은 피드백을 합니다. 이 피드백에 따라서 무의식은 내부 알고리즘을 수정합니다. 이러한 과정이 계속되면 무의식은 의식이 원하는 판단을 하게 됩니다.

의식과 무의식이 일치하는 과정이 꼭 필요합니다. 일치가 되지 않은 상태는 무의식은 의식이 원하지 않은 판단을 하고 있는 상태입니다. 의식이 원하는 판단을 하려면 무의식이 학습하는 과정이 꼭 필요합니다.

* Unity of consciousness and unconsciousness

Consciousness and unconsciousness are in sync when the conscious and unconscious produce the same results.

Consciousness and unconsciousness may not agree on a favorite color. Sometimes, we simply answer a question without reviewing the results from the unconscious.

When the conscious and unconscious are inconsistent, the unconscious typically changes through learning and becomes aligned with the conscious. Learning requires feedback on results. This feedback is primarily handled by the conscious mind. This is why the conscious mind is so important.

The process of conscious and unconsciousness aligning operates in a dialectical manner. The conscious mind provides feedback on the results of the unconscious mind's judgment. Based on this feedback, the unconscious mind modifies its internal algorithm. As this process continues, the unconscious mind makes the judgment that the conscious mind desires.

A process of alignment between the conscious and unconscious is essential. A state of dissonance means the unconscious is making judgments it doesn't want. For the conscious mind to make the judgments it wants, the unconscious mind must learn.

✱ 무의식의 판단은 왜 의식 보다 빠를까

처음 떠오른 생각은 일반적으로 무의식의 판단입니다. 의식에서 검토하지 전의 생각입니다. 의식에서 검토를 하지 않았다는 것은 논리성이 부족할 수 있다는 것을 의미합니다. 논리를 담당하는 것은 의식입니다.

논리적인 결정이 필요한 중요한 결정은 신중하게 해야 하는 이유는 논리적이지 않은 무의식의 결정이 빠르기 때문입니다. 논리를 담당하는 의식에서 반드시 검토 되어야 합니다.

의식보다 무의식이 빠르게 동작하는 원인을 찾아 보아야 합니다.
언어를 사용함으로써 의식이 느려지는 원인과 하드웨어 구조에서 의식의 동작이 불리하다는 것을 찾을 수 있습니다.

언어는 시간적으로 나열하는 정보의 전달 방식입니다. 이미지는 정보의 덩어리입니다. 빠른 처리가 가능하다면, 이미지를 기반으로 동작하는 것이 더 빠르게 동작할 수 있습니다.

* Why are unconscious judgments faster than conscious ones?

The first thought that comes to mind is usually an unconscious judgment. This is a thought that has not been reviewed by the conscious mind. The absence of conscious review means that it may lack logic. The conscious mind is responsible for logic.

Important decisions requiring logical decisions must be made carefully because illogical, unconscious decisions are fast. They must be reviewed by the conscious mind, which is responsible for logic.

We must investigate why the unconscious mind operates faster than the conscious mind.

We can find the reasons why language slows down the conscious mind and the disadvantages of hardware architecture.

Language is a method of conveying information in a temporal order. Images are chunks of information. If fast processing is possible, image-based operations can be faster.

하드웨어 구조의 원인은 우리의 두뇌가 이미지 처리에 적합한 방식이라고 설명할 수 있습니다. 반도칩에서 CPU와 NPU가 있습니다. CPU 방식은 시간 순서에 따른 언어를 처리하기에 유리하며, NPU는 이미지 처리에 유리합니다. 인간의 두뇌는 무의식 처리에 유리한 NPU 방식입니다.

무의식의 학습이라는 동작 알고리즘에서 보면, 무의식의 판단이 빨라야 유리합니다. 무의식이 판단이 느리다면 의식에서 무의식을 어렵게 학습 시키는 이유가 없습니다.

The reason for this hardware architecture can be explained by the way our brains are suited to image processing. Semiconductor chips have CPUs and NPUs. The CPU is advantageous for processing language in a temporal order, while the NPU is advantageous for image processing. The human brain uses the NPU, which is advantageous for unconscious processing.

From the perspective of the behavioral algorithm of unconscious learning, it's advantageous for the unconscious to make quick decisions. If the unconscious were slow to make decisions, there's no reason for the conscious mind to make it difficult to train it.

✷ 무의식은 NPU, 의식은 CPU에서 유리

인공지능의 연산에 특화된 반도체 칩을 NPU(Neural Processing Unit)라고 합니다. 'Neural'이라는 용어에서 알 수 있듯이 인간의 신경망을 모방하였습니다.

CPU(Central Processing Unit)는 산술과 논리를 처리하기에 유리한 반도체 칩입니다. 일반적으로 프로그램 언어를 통하여 순차적으로 동작하는 방식에서 유리합니다.

인공지능은 무의식과 비슷하게 동작하며, 의식은 언어를 기반으로 동작합니다. 언어를 기반으로 동작하기에는 CPU 방식이 유리합니다. 그러나 인간의 두뇌는 NPU 유사한 방식입니다. 즉 무의식이 동작하기에 유리한 방식입니다. 결과적으로 무의식이 빠르게 동작하기에 유리합니다.

∗ The unconscious is the NPU, the conscious is the CPU

Semiconductor chips specialized for AI computation are called Neural Processing Units (NPUs). As the term "Neural" suggests, they mimic the human neural network.

A CPU (Central Processing Unit) is a semiconductor chip ideally suited for processing arithmetic and logic. It generally excels at sequential operations using programming languages.

Artificial intelligence operates similarly to the subconscious, while the conscious mind operates based on language. A CPU is advantageous for language-based operations. However, the human brain operates similarly to the NPU, which favors the subconscious mind. Consequently, the subconscious mind operates faster.

✱ 의식과 무의식을 구분하는 방법

의식과 무의식은 동시에 동작합니다. 그러면 의식의 판단인지 무의식의 판단인지 구분하는 방법이 필요합니다.

의식은 언어를 기반으로 동작합니다. 그러면 그러한 과정이 있었는지 고민해 보면 됩니다.

좋아하는 색에서 그냥 떠오른 색이 아니라 언어를 통하여 논리적으로 검토한 경우는 의식에서 결정했다고 할 수 있습니다. 동작 속도가 무의식이 빠르기 때문에 의식의 단독 결정은 없다고 보아도 됩니다. 일반적으로 의식은 무의식의 결과를 검토하고 수정하는 역할을 합니다.

* How to Distinguish Between Consciousness and the Unconscious

Consciousness and the subconscious mind operate simultaneously. Therefore, we need a way to distinguish between conscious and unconscious decisions.

Consciousness operates based on language. Therefore, we need to consider whether such a process occurred.

If a color was not simply chosen from a list of favorite colors, but rather logically reviewed through language, then the decision was made consciously. Because the subconscious mind operates faster, we can assume that the decision was made solely by the conscious mind. In general, the conscious mind serves to review and correct the results of the unconscious mind.

✱ 의식과 무의식의 시스템 분석

의식과 무의식을 시스템 관점에서 분석을 하려고 합니다.

처리 속도가 무의식이 빠르다는 분석은 이미 하였습니다. 다중 작업과 상위 시스템 그리고 서로 제어가 가능 여부에 대하여 고민해 보겠습니다.

✱ 의식과 무의식이 필요한 이유

의식과 무의식이라는 두 개의 시스템이 필요한 이유가 있어야 합니다.

의식은 논리적인 결과를 내기에 유리합니다. 반대로 무의식은 논리가 불가능한 경우에 대한 해답을 줄 수 있습니다.

좋아하는 색에 대해서 고민한 적이 없었더라도 질문을 들으면 어떠한 색이 떠오릅니다. 물론 의식과 일치되기 전에는 좋아하는 색이 바뀔 수도 있습니다.

무의식은 어떠한 해답을 제시하고 의식은 그것에 대하여 검토하는 역할을 합니다. 이 과정을 통하여 의식과 무의식은 성장하게 됩니다.

* A Systems Analysis of the Conscious and Unconscious

I will analyze the conscious and unconscious from a systems perspective.

We have already analyzed that the unconscious mind processes faster. We will consider multitasking, higher-level systems, and whether they can control each other.

* Why the Conscious and Unconscious System Is Necessary

There must be a reason for the two systems, the conscious and unconscious, to exist.

The conscious mind is advantageous in producing logical results. Conversely, the unconscious mind can provide solutions to situations where logic is impossible.

Even if you have never thought about your favorite color, a color will come to mind when asked. Of course, your favorite color may change before it aligns with your conscious mind.

The unconscious mind provides answers, and the conscious mind reviews them. Through this process, both the conscious and unconscious mind grow.

* 의식과 무의식의 다중 작업에 관련하여

다중 작업은 여러 개의 작업을 동시에 처리하는 것을 말합니다.

결론부터 이야기 하면, 의식은 다중 작업이 되지 않으며 무의식은 다중 작업이 가능합니다.

어려운 수학 문제를 동시에 푸는 것은 불가능합니다. 이것으로 의식이 다중 작업이 되지 않는다는 의미를 쉽게 알 수 있습니다. 논리적으로 어려운 생각을 하는 경우는 방해를 받기를 싫어 합니다. 이러한 사실은 논리를 담당하는 의식이 다중 작업이 되지 않는 원인으로 발생합니다.

무의식의 다중 작업에 대해서 고민해 보겠습니다.

자전거 타기는 처음에는 어렵습니다. 배우는 과정이 끝나면 쉬운 것으로 바뀝니다. 음악을 듣기를 의식으로 할 수 있으나 일상생활에서는 무의식을 주로 사용합니다. 노래 심사에서 심사 위원은 의식으로 음악을 듣습니다. 이때는 의식을 주로 사용합니다.

숙련이 된 사람은 자전거를 타며, 음악을 듣는 것이 가능합니다.

자전거를 배우는 사람의 경우, 배우는 과정에서 의식을 사용합니다. 배우는 과정에서 의식을 사용하기 때문에 이때는 다중 작업이 되지 않습니다.

배우는 과정이 끝나면, 자전거를 타면서 음악을 듣는 것이 가능해 집니다. 두 가지의 작업을 동시에 처리하는 것이 가능해 집니다. 이것으로 무의식이 다중 작업이 된다는 것을 알 수 있습니다.

✳ In relation to the multitasking of consciousness and unconsciousness

Multitasking refers to handling multiple tasks simultaneously.

To cut to the chase, the conscious mind cannot multitask, while the subconscious mind can.

It's impossible to solve difficult math problems simultaneously. This easily explains why the conscious mind cannot multitask. When thinking logically, we tend to avoid interruptions. This is because the conscious mind, which handles logic, cannot multitask.

Let's consider the multitasking of the subconscious mind.

Riding a bicycle is difficult at first. After learning, it becomes easier. Listening to music can be done consciously, but in everyday life, we primarily use the subconscious mind. In singing competitions, judges listen to music consciously. This is when they primarily use the conscious mind.

A skilled person can both ride a bicycle and listen to music. A person learning to ride a bicycle uses their conscious mind during the learning process. Because they use their conscious mind during the learning process, they cannot multitask.

After learning, they can listen to music while riding a bicycle. This allows them to handle two tasks simultaneously. This demonstrates that the subconscious mind can multitask.

✱ 의식과 무의식중 상위 시스템은 무엇일까

상위 시스템과 하위 시스템이라는 용어보다 운영체제(Operating System)와 애플리케이션(application)으로 구분하면 이해가 쉬울 것입니다.

의식과 무의식이라는 두 개의 시스템에서 운영체제와 가까운 쪽은 무의식입니다. 반대로 애플리케이션과 가까운 쪽은 의식입니다.

상위 시스템과 하위 시스템이 중요한 이유는 강제 개입이 가능하기 때문입니다. 상위 시스템은 하위 시스템에 강제적으로 개입이 가능합니다. 인간의 의식과 무의식 시스템에 이러한 현상이 있는지 확인 보겠습니다.

강한 충격을 받거나 비상시가 되면, 의식이 멈추는 현상이 발생하고 무의식이 의식의 동작을 중단 시키는 경우가 있습니다.

의식은 무의식에 강제적인 개입이 불가능합니다. 그러나 무의식은 의식에 강제적으로 개입이 가능합니다.

의식과 무의식 시스템에서 상위 시스템이 무의식이라는 사실을 확인 했습니다.

✶ What is the higher-order system between the conscious and unconscious?

Rather than using the terms "high-order system" and "low-order system," it's easier to understand if we differentiate between the operating system and the application.

In the two systems of the conscious and unconscious, the one closer to the operating system is the unconscious. Conversely, the one closer to the application is the conscious.

The reason the higher-order system and the lower-order system are important is because they allow for forced intervention. The higher-order system can forcibly intervene in the lower-order system. Let's examine whether this phenomenon exists in the human conscious and unconscious systems. When a person experiences a strong shock or an emergency, consciousness can cease, and the unconscious can suspend conscious activity.

The conscious mind cannot forcibly intervene in the unconscious. However, the unconscious can forcibly intervene in the conscious mind.

We have confirmed that the higher-order system in the conscious and unconscious systems is the unconscious.

✷ 무의식에서 의식 제어하는 상황

무의식이 상위 시스템이라면 강제적인 개입이 가능해야 합니다.

일반적으로 우리는 의식만 생각하기 때문에, 무의식이 항상 같이 동작하고 있다는 것을 인식하기 어렵습니다. 우리의 육체를 기준으로 우리는 우리의 몸을 의식으로 제어 하고 있다고 생각합니다. 그러나 이것은 잘못된 생각입니다. 무의식과 의식이라는 두 개의 시스템이 하나의 하드웨어 (육체)에서 동작을 하고 있는 것입니다.

의식을 제어를 무의식에서 강제적으로 가져가는 상황은 위험한 순간에 무의식이 몸을 움직이는 상황이 있습니다.

수영을 못하는 사람이 물에 빠지게 되면 무의식적인 행동을 하게 됩니다. 수영을 잘 하는 사람은 침착하게 위험을 벗어 날 수 있습니다. 이러한 사례는 명확하게 무의식과 의식을 구분하기 어렵습니다. 그러나 의식이 대응하지 못하는 상황이 되면 무의식이 더 주도적으로 대응하게 된다는 설명이 가능합니다.

* Situations where the unconscious takes control of the conscious mind

If the unconscious mind is a higher-order system, it must be capable of compulsory intervention.

Generally, we only think of the conscious mind, making it difficult to recognize that the unconscious mind is always operating alongside it. Based on our physical body, we assume that our conscious mind controls our body. However, this is a misconception. The two systems, the unconscious and the conscious mind, operate within a single hardware (the body).

A situation where the unconscious mind forcibly takes control of the body occurs in a dangerous situation.

A person who cannot swim will act unconsciously when drowning. A strong swimmer will calmly escape danger. In these cases, it is difficult to clearly distinguish between the unconscious and the conscious mind. However, it is possible to explain that when the conscious mind cannot respond, the unconscious mind takes the initiative.

✱ 무의식에서 의식을 제어하는 예시

무의식에서 의식을 제어하는 좋은 예는 갑자기 야구공이 날아오는 상황입니다.

갑자기 야구공이 날아 올 때, 야구공을 보았다는 기억이 없는 데도 몸이 스스로 피하는 동작을 하는 경우가 있습니다. 남성의 경우보다 여성의 경우에 이런 현상이 잘 나옵니다. 본인 스스로 이러한 경험이 없더라도 주변의 지인 중에 이런 경험을 설명해 주는 분이 있을 겁니다.

의식에서 야구공을 확인하지 못한 상황이기 때문에 의식의 동작이 아닙니다. 무의식에서 스스로 방어를 위한 동작을 했다고 해석하는 것이 합리적입니다. 방어 동작을 하는 상황에서, 무의식은 의식에 강제 개입을 합니다.

위 과정을 자세하게 정리해 보겠습니다.
1. 야구공이 날아오는 것을 의식에서 확인하지 못했다.
2. 무의식에서 야구공이 날아오는 것을 확인했다.
3. 무의식에서 몸의 제어를 직접 한다.
4. 의식은 몸의 제어를 빼앗긴 상태가 된다.

우리가 무엇을 보고 있을 때, 의식이 집중하는 포인트 이외에 시야에 들어오는 대부분의 정보를 놓치게 됩니다. 이것은 의식의 영역입니다. 그러나 무의식에서는 시야의 대부분을 체크하고 있습니다.

의식과 무의식은 시야를 공유한다는 것을 알 수 있습니다. 두 개의 시스템이 하나의 시야를 공유한다는 사실이 신기합니다.

* An Example of Conscious Control from the Unconscious

A good example of conscious control from the unconscious is a situation where a baseball is suddenly thrown at you.

When a baseball suddenly comes flying at you, your body may spontaneously dodge the ball even though you don't remember seeing it. This phenomenon is more common in women than in men. Even if you haven't personally experienced this, someone you know will likely be able to explain it to you.

Since your conscious mind didn't see the baseball, it's not a conscious action. It's reasonable to interpret it as a defensive action taken unconsciously. In a defensive action, the unconscious mind forcibly intervenes in your conscious mind.

Let's summarize the above process in detail:
1. Your conscious mind didn't see the baseball coming.
2. Your subconscious mind saw the baseball coming.
3. Your subconscious mind directly takes control of your body.

4. Your conscious mind becomes deprived of control of your body.

When we look at something, we miss most of the information entering our field of vision outside of the point of conscious focus. This is the realm of consciousness. However, the unconscious mind monitors most of its field of vision.

We can see that the conscious and unconscious systems share a field of vision. It's fascinating that these two systems share a single field of vision.

＊ 의식에서 무의식의 제어

　무의식에서 필요에 의해서 의식을 제어 한다는 것은 확인 했습니다. 의식에서 무의식을 제어하는 것에 대하여 논의 입니다.

　무의식이 학습할 때 의식이 학습의 방향을 제시합니다. 의식은 이러한 방식으로 무의식에 영향을 줍니다. 이러한 방식은 성장의 방식이지 직접적인 제어라고 할 수는 없습니다.

　의식에서 무의식을 제어하는 좋은 예는 스타크래프트 게임 중계 방송에서 본 적이 있습니다. 스타크래프트 게임이 방송으로 중계되는 과정에서 엄청난 컨트롤을 보여 주는 선수에게 한 설명입니다.
　"눈이 풀렸어요. 못 이겨요."

　눈이 풀렸다는 것은 의식이 없다는 의미입니다. 그러나 매우 빠르게 마우스를 컨트롤하면서 상대를 압도하는 모습을 보여 주는 것에 대한 표현입니다. 높은 컨트롤이 필요할 때, 의식이 사라지고 무의식 상태에서 정밀하고 빠른 컨트롤이 가능한 경우는 다른 스포츠에서도 종종 나오는 현상입니다.

　의식에서 무의식을 제어 하는 경우는 의식이 사라진 상태입니다. 완전하게 의식에서 무의식을 제어 했다는 표현을 하기는 어렵습니다.

∗ Controlling the Unconscious from the Conscious

We have confirmed that the unconscious can control the conscious when necessary. This discussion focuses on controlling the unconscious from the conscious.

When the unconscious learns, the conscious mind provides direction for learning. The conscious mind influences the unconscious in this way. This is a method of growth, not direct control.

A good example of the conscious mind controlling the subconscious is something I've seen on StarCraft broadcasts. This is what was said to a player who displayed incredible control during a StarCraft game broadcast:

"There is no focus in the eyes. That player can't lose."

"There is no focus in the eyes." This expression refers to the absence of consciousness. However, it also describes the ability to control the mouse extremely quickly and overwhelm an opponent. When high control is required, the loss of consciousness and the ability to achieve precise and rapid control while unconscious are common in other sports.

Controlling the unconscious from the conscious mind refers to a state of loss of consciousness. It's difficult to say that the conscious mind has completely controlled the unconscious.

* 무아지경(無我之境)에 대해서

무아지경은 불교에서 유래하였으며, 자신을 잃어버리는 경지입니다.

의식과 무의식 시스템에서 가장 이상적인 상태를 무아지경이라고 설명할 수 있습니다.

스타크래프트 게임 중계에서 눈이 풀린 상태에서 멋진 컨트롤을 보여 주는 상황을 설명할 수 있는 단어입니다. 그 외에도 운동선수나 멋진 공연에서도 무아지경의 상황은 종종 있습니다.

　미국의 실리콘밸리의 드라마에서도 최고의 집중력을 보이며 뛰어난 성과를 내는 장면이 있습니다.

무아지경을 무의식 이론으로 풀어보겠습니다.

의식과 무의식의 작업 처리 속도에 차이가 있습니다. 의식보다 무의식의 작업 속도가 더 빠릅니다.

배우는 과정에서 의식의 피드백은 필수적입니다. 의식이 있어야 이상적인 학습이 가능합니다. 의식이 원하는 대로 무의식이 성장한 상태라면 의식이 개입이 불필요합니다. 의식이 개입하면 무의식 입장에서는 불필요한 개입이 됩니다. 이것은 속도 관점에서 불리한 상황입니다.

의식이 없는 상태에서 무의식을 최대한 활용하는 상태가 가장 이상적인 상태가 됩니다.

✳ About the state of "no self" (無我之境)

"No self" (無我之境) originates from Buddhism and refers to a state of complete self-absorption.

The most ideal state in the conscious and unconscious systems can be described as a state of no-self.

It can be used to describe the scene in a StarCraft game broadcast where the player displays stunning control while their eyes are wide open. This state is also often observed in athletes and in impressive performances. There are also scenes in Silicon Valley dramas where the player demonstrates utmost concentration and achieves outstanding results.

Let's explain the state of "no self" using the theory of the unconscious mind. There's a difference in the speed of conscious and unconscious processing. The unconscious processes faster than the conscious. Conscious feedback is essential during the learning process. Ideal learning is possible only with consciousness. If the unconscious has developed as the conscious mind desires, conscious intervention is unnecessary. If the conscious mind intervenes, it becomes unnecessary for the unconscious mind. This is a disadvantage from a speed perspective. The ideal state is when the unconscious mind is fully utilized without consciousness.

✱ 인간과 동물의 차이에 대하여

인간과 동물의 차이에 대한 이야기는 오랜 된 주제입니다.

도구, 문화, 사회 구조 등으로 인간과 동물의 차이를 구분하기도 합니다. 그러나 동물도 도구, 문화 사회 구조가 있으므로 체계적이고 복잡하지 않다는 설명을 합니다. 도구, 문화, 사회 구조는 근본적인 원인이 아니라, 나타나는 현상이라고 생각하는 것이 합리적입니다.

인간과 동물의 근본적인 차이점은 의식이 원인이라고 설명할 수 있습니다. 여기서 의식은 언어를 통한 논리적인 사고 능력입니다. 언어로 문장을 구성하는 것은 유일하게 인간만이 가능하며, 언어를 사용하여 고차원적인 생각을 하는 것이 정확한 차이점이라고 설명할 수 있습니다.

인간의 의식과 무의식을 가지고 있고, 동물은 무의식만 있다고 정리할 수 있습니다.

의식은 언어를 기반으로 하기 때문에 언어로 구분하는 방법도 동일한 방법입니다. 동물도 언어를 사용하는 경우가 있으나, 논리적인 문장을 만드는 것은 인간만 가능합니다.

언어에 의한 논리적인 사고가 인간과 동물의 차이라고 정리할 수 있습니다. 즉 의식의 차이입니다.

∗ On the Differences Between Humans and Animals

The discussion of the differences between humans and animals is a long-standing topic. Sometimes, differences are defined by tools, culture, and social structure. However, some explain that animals also possess tools, culture, and social structures, making them less systematic and complex. It is reasonable to assume that tools, culture, and social structures are merely phenomena, not fundamental causes.

The fundamental difference between humans and animals can be explained by consciousness. Consciousness, here, is the ability to reason logically through language. Humans are uniquely capable of constructing sentences using language, and the precise difference can be explained by the use of language to engage in higher-level thought. Humans possess both a conscious and unconscious mind, while animals possess only an unconscious mind. Since consciousness is based on language, the distinction between humans and animals can be made using language as well. While animals sometimes use language, only humans can construct logical sentences. The difference between humans and animals can be summarized as logical thinking through language. In other words, it is a difference in consciousness.

✱ 인간은 언어 알고리즘을 가지고 있는가

인간은 언어 사용이 가능한 유일한 생명체라고 할 수 있습니다. 해부학적으로 동물과 인간의 두뇌에서 차이가 있을 수 있습니다. 그러나 유일하게 인간만 언어를 자유롭게 사용한다는 것은 두뇌의 하드웨어보다 소프트웨어에서 찾고 싶습니다.

인간을 제외하고 언어를 구사하는 동물은 아직 없습니다. 태어나면서 부터 인간과 생활을 하는 동물도 언어로 문장을 구성하지 못합니다. 이러한 현상은 인간만이 언어 알고리즘을 가지고 있다고 설명할 수밖에 없습니다.

인공지능의 특징은 미리 만든 알고리즘이 존재한다는 것이며, 인간도 미리 만든 알고리즘이 존재한다는 것을 간접적으로 확인 할 수 있습니다. 이 알고리즘에 언어 사용이 가능한 알고리즘이 포함됩니다. 언어 알고리즘은 인간만이 유일하게 가지고 있는 알고리즘 입니다.

인간과 반대로 동물은 언어 사용이 불가능합니다. 여기서 언어의 사용은 논리적인 문장을 만드는 것을 의미합니다. 훈련을 통해서 동물도 일부 단어를 구분하고, 단어에 따른 행동을 하는 것이 가능합니다.

언어 알고리즘이 자연적으로 발생한다면 동물에게서도 발생해야 합니다. 그러나 아직 그런 사례는 없습니다.

✱ Do Humans Have a Language Algorithm?

Humans are arguably the only living organisms capable of language. Anatomically, there may be differences between the human and animal brains. However, the fact that humans are the only ones capable of freely using language stems from the brain's software rather than its hardware.

Aside from humans, no other animal has yet been able to use language. Even animals that have lived with humans since birth are unable to construct sentences using language. This phenomenon can only be explained by humans possessing a language algorithm. A hallmark of artificial intelligence is the existence of pre-built algorithms, and we can indirectly confirm that humans also possess pre-built algorithms. These algorithms include those capable of language. Language algorithms are unique to humans.

In contrast to humans, animals cannot use language. Language use here refers to the formation of logical sentences. Through training, animals can distinguish certain words and perform actions based on those words.

If language algorithms were to arise naturally, they should also occur in animals. However, no such cases have yet been documented.

✱ 의식과 무의식의 정보 저장

의식에 필요한 정보가 저장된다는 것은 누구나 알고 있습니다. 그럼 무의식에 정보를 저장하는 기능이 있을까요?

✱ 카드의 위치를 기억하는 방법

카드를 모두 뒤집어서 두 장의 같은 카드를 찾는 게임에서 어린 아이들은 카드의 위치를 기억하기 위해서 이미지 기억 방식을 사용합니다.

일반적으로 어른의 경우 좌표를 사용하여 위치를 기억합니다.

좌표라는 것은 언어를 기반으로 한다는 것을 의미합니다.

✱ 의식과 무의식의 기억 저장 방식

의식과 무의식은 자신의 동작 방식에 따라 필요한 정보를 저장한다는 것이 자연스럽습니다.

의식은 언어를 기반으로 기억을 저장하며, 무의식은 이미지를 기반으로 기억을 저장합니다.

기억력이 좋은 분들은 무의식의 기억을 사용한다고 생각합니다.

사진을 찍은 것처럼 기억을 하는 분들이 있습니다.

✶ Conscious and Unconscious Memory Storage

Everyone knows that the conscious mind stores necessary information. So, does the subconscious mind also store information?

✶ How to Remember the Location of Cards

In a game where children face down cards and try to find two identical ones, they use image memory to remember the locations of the cards.

Adults typically use coordinates to remember locations.

Coordinates indicate a language-based approach.

✶ Conscious and Unconscious Memory Storage

It's natural for the conscious and unconscious to store necessary information based on their behavior.

The conscious mind stores memories based on language, while the subconscious mind stores memories based on images.

People with good memories are believed to use unconscious memory. Some people remember things as if they were taking a photograph.

* 사진을 찍는 것처럼 기억한다

무의식에서 의식의 저장된 정보는 사용하는지 알 수가 없습니다. 그러나 의식에서 무의식의 저장된 정보를 사용하는 것은 알 수 있습니다.

자신이 본 것을 사진을 찍는 것처럼 기억하는 분들이 있습니다.
포토그래픽 메모리(photographic memory) 또는 직관 기억(eidetic memory)이라는 용어를 사용합니다.

포토그래픽 메모리가 가능한 분들은 이미 많이 알려져 있습니다. 포토그래픽 메모리는 의식이 무의식에 저장된 기억을 사용하는 예시가 됩니다.

포토그래픽 메모리는 언어를 기반으로 하는 의식에서는 처리할 수가 없습니다. 무의식의 정보를 가져와서 의식에서 관찰하면서 필요한 정보를 얻는 방식으로 설명 할 수 있습니다.

포토그래픽 메모리에 저장된 모든 것을 의식은 인지하고 있지 않습니다. 무의식의 정보를 가져와서 관찰을 하면서 필요한 정보를 의식으로 가져오게 됩니다. 의식에 없는 정보라는 것이 명확합니다.

의식은 무의식의 정보를 사용한다고 정리할 수 있습니다.

＊ Remembering Like Taking a Photograph

We don't know whether the unconscious uses stored information from the conscious mind. However, we do know that the conscious mind uses stored information from the unconscious mind.

Some people remember what they see as if they were taking a photograph. The terms photographic memory or eidetic memory are used.

Many people are already known to have photographic memory. Photographic memory is an example of the conscious mind using memories stored in the unconscious mind. Photographic memory cannot be processed through the conscious mind, which relies on language. It can be explained as a way to obtain necessary information by drawing on information from the unconscious mind and observing it in the conscious mind. The conscious mind is not aware of everything stored in photographic memory. It draws on information from the unconscious mind, observes it, and brings necessary information into the conscious mind. It is clear that this information is not conscious.

We can summarize this as the conscious mind using information from the unconscious mind.

* 키보드 자판을 기억하는 방법

카드 게임에서 카드를 기억하거나 포토그래픽 메모리는 명확하지 않거나 일반적으로 불가능한 영역입니다. 누구나 알고 있는 설명이 필요합니다. 타이핑을 치는 것이 좋은 예시가 됩니다.

키보드를 타이핑하는 것을 배울 때, 자판을 배우는 과정이 있습니다. 이것은 의식을 통하여 진행됩니다. 의식을 통하여 자판을 배우는 과정이 끝나면, 의식은 자판의 위치를 잃어버리기도 합니다. 그러나 무의식적으로 정확한 타이핑이 가능합니다.

알파벳 'c'가 어디에 있는지 말로는 설명을 하지 못해도, 실제 타이핑은 가능합니다. 말을 하는 속도로 타이핑이 가능한 분에게 사용한 자판의 위치 설명을 부탁해 보시면 됩니다. 대 부분은 정확한 위치를 언어로 설명하지 못합니다. 이러한 현상은 "몸으로 기억을 한다."는 용어를 사용합니다.

의식은 무의식에게 자판을 위치를 가르쳤습니다. 의식은 자판을 위치를 잃어버렸으나 무의식은 자판의 위치를 정확하게 알고 있습니다.
무의식에 정보를 저장하는 기능이 반드시 존재한다는 증거가 됩니다. 의식은 알고 있던 정보를 잃어 버렸으나 무의식의 저장 기능을 사용하여 자유롭게 타이핑 합니다.

∗ How to Memorize Keyboard Layouts

Memorizing cards in card games, or photographic memory, is a difficult or generally impossible task. A common explanation is needed. Typing is a good example.

When learning to type, there is a process of learning the keyboard layout. This process is consciously mediated. After this conscious learning process, the conscious mind may lose track of the keyboard layout. However, accurate typing is still possible unconsciously.

Even if you can't verbally describe where the letter "c" is, you can still type. Ask someone who can type at speaking speed to describe the keyboard layout. Most people can't verbally describe the exact location. This phenomenon is called "body memory." The conscious mind taught the subconscious the keyboard layout. The conscious mind has lost track of the keyboard layout, but the subconscious mind still knows the exact location.

This is evidence that the subconscious mind has the ability to store information. The conscious mind has lost track of the information, but the subconscious mind can still type freely using its storage function.

* 타이핑과 다중 작업

타이핑과 동시에 다른 작업을 하는 것을 지금까지 설명한 이론으로 풀어보겠습니다.

다중 작업은 여러 개의 작업을 동시에 처리하는 것을 말합니다.

의식은 다중 작업이 불가능 하며, 무의식은 다중 작업이 가능합니다. 타이핑을 치는 과정은 문장을 만드는 작업과 동시에 처리해야 하는 다중 작업입니다.

타이핑을 치는 과정을 의식에서 하게 되면 문장을 만드는 작업과 병행할 수 없습니다. 타이핑 작업이 무의식에서 이루어져야 의식에서 문장을 만드는 작업을 할 수 있습니다.

문장을 논리적으로 만드는 작업은 의식에서 하는 역할 입니다.

✻ Typing and Multitasking

Let's explain typing while performing other tasks using the theory we've discussed so far.

Multitasking refers to handling multiple tasks simultaneously.

The conscious mind cannot multitask, while the subconscious mind can. Typing is a multitask that must be performed simultaneously with sentence formation.

If typing is done consciously, it cannot be done concurrently with sentence formation. Typing must be done unconsciously so that the conscious mind can form sentences.

The logical construction of sentences is the role of the conscious mind.

✻ 의식과 무의식의 기억 저장 방식

의식과 무의식은 자신의 동작 방식에 따라 정보를 저장 합니다.

의식은 언어를 기반으로 기억을 저장하며, 무의식은 이미지를 기반으로 기억을 저장합니다.

무의식에서 의식의 저장된 정보를 사용하는 지는 알 수 없습니다. 그러나 의식에서는 무의식에 저장된 정보를 사용할 수 있다고 이야기 할 수 있습니다.

무의식에서 의식의 저장된 정보를 사용하는 것에 대해서 저의 의견은 "사용하지 않는다."입니다. 그러나 명확하게 설명할 방법은 아직 없습니다.

∗ Memory Storage Methods of the Conscious and Unconscious Minds

The conscious and unconscious mind store information based on their respective operating methods.

The conscious mind stores memories based on language, while the subconscious mind stores memories based on images.

It's unclear whether the subconscious mind uses information stored in the conscious mind. However, it can be argued that the conscious mind can use information stored in the subconscious mind.

My opinion regarding the subconscious mind's use of conscious information is that it "does not use" it. However, there is no clear explanation yet.

* 의식과 무의식을 고려한 설득

인간이 생각하는 시스템은 의식과 무의식이 상호 작용하는 시스템입니다.

인간은 타인을 설득할 때, 의식 또는 무의식의 영역을 구분해야 합니다. 합리적이고 논리적이라는 것은 의식의 영역입니다. 정당성이나 도덕적이라는 것은 무의식의 영역입니다.

의식과 무의식을 모두 설득할 수 있다면 논란이 필요가 없습니다.

일반적으로 이성과 감성이라는 표현을 사용합니다.

이성은 의식이며, 감성은 무의식입니다. 인간이 두 개의 시스템을 가지고 있기 때문에 설득 방법에도 두 가지가 있을 수 있습니다.

* 의식과 무의식의 구분에 대해서

우리의 결정이 의식에 의한 것인지 무의식에 의한 것인지 구분하는 것에 대해서 생각해 보겠습니다. 의식과 무의식은 동시에 동작하기 때문에 두 시스템 중에 어느 쪽의 결과인지 생각해 보는 것입니다.

결정하는 방법은 의식은 언어의 절차적 사고로 결정이 되어 진다는 것입니다. 언어로 생각하는 절차가 없었다면 무의식의 결정이라고 생각할 수 있습니다.

✱ Persuasion Considering the Conscious and Unconscious

The human thinking system is a system where the conscious and unconscious interact.

When persuading others, humans must distinguish between the conscious and unconscious realms.

Rationality and logic are the conscious realm. Justification and morality are the unconscious realm.

If we can persuade both the conscious and unconscious, there is no need for controversy. The terms reason and emotion are commonly used.

Reason is the conscious, and emotion is the unconscious.

Because humans possess two systems, there can be two methods of persuasion.

✱ Distinguishing Between the Conscious and Unconscious

Let's consider whether our decisions are driven by the conscious or the unconscious. Since the conscious and unconscious operate simultaneously, we must consider which of the two systems is the result. The way to determine decisions is that conscious decisions are made through verbal thought. If the process of verbal thought were absent, we would assume that the decisions are made unconsciously.

* 언어의 함축과 무의식

우리가 생활에서 사용하는 언어에는 많은 생략이 있습니다.

의미가 명확하지 않은 문장을 많이 사용한다는 의미입니다. 그러나 의사 전달에는 아무런 문제가 되지 않습니다.

부모가 자녀에게 "다녀왔냐?"라고 하면, 자녀는 분은 명확한 대답을 합니다. 생략된 부분은 '학교'일 수 있습니다.

논리적으로는 불명확하여 답변을 할 수 없는 문장이나 사용하기에 아무런 불편이 없습니다.

논리적이지 않은 부분은 의식 또는 무의식에서 처리합니다. 고민을 하면서 논리적으로 불명확한 부분을 고민했을 경우는 시간이 소모됩니다. 이때는 의식에서 처리했다고 할 수 있습니다.

순식간에 불명확한 부분을 유추하여 대답을 하는 경우는 무의식에서 처리했다고 할 수 있습니다.

우리가 결정한 것이 의식에서 처리한 것인지 무의식에서 처리한 것인지 구분을 해보면 반복이 많이 된 부분은 무의식에서 결정하는 경우가 많다는 것을 알 수 있습니다. 무의식이 반복에 의해서 학습된 것입니다.

* **Linguistic Implications and the Unconscious**

The language we use in our daily lives is full of omissions.

This means we often use sentences whose meanings are unclear. However, this doesn't interfere with communication.

When a parent asks a child, "Did you get home?", the child will often give a clear answer. The omitted part might be "school."

Sentences that are logically unclear and therefore impossible to answer are not problematic.

We process illogical information either consciously or unconsciously. If we deliberate over a logically unclear point, it takes time. This can be considered conscious processing.

If we instantly infer an unclear point and respond, it can be considered unconscious processing.

If we distinguish between conscious and unconscious processing of our decisions, we find that those with frequent repetitions are often decided unconsciously. The unconscious is learned through repetition.

✳ **언어를 사용하고 있어도 무의식의 결과인 경우**

 무의식의 학습 능력은 놀라운 것이며, 무의식은 언어도 학습을 합니다. 의식이 아니라 무의식으로 언어를 사용하기도 한다는 것입니다.

 예를 들면, 가수가 처음 공연에서 언어를 사용하여 노래를 부르고 무대에서 내려왔으나 공연이 어떻게 진행이 되었는지 기억하지 못하기도 합니다.
 기억하지 못한다는 것은 의식이 아니라 무의식의 결과입니다.
 무대에서 무의식적으로 언어를 사용하여 공연을 한 것입니다.
 연설이나 발표 등에서도 어떤 이야기를 하였는지 자신도 모를 때가 있습니다. 이러한 경우는 무의식적으로 언어를 사용한 경우가 됩니다.
 의식의 행동이 아니라, 무의식의 행동입니다.

 의식과 무의식의 구분은 '언어'만을 기준으로 하면 안되는 경우가 있습니다. 무의식이 언어를 학습하여 나타나는 현상으로 볼 수 있습니다.

* Even when using language, it's a result of the unconscious

The unconscious's capacity for learning is remarkable, and the unconscious learns language. Sometimes, language is used unconsciously, not consciously.

For example, a singer might sing a song using language during their first performance and then leave the stage, only to forget how the performance went.
This inability to remember is not a conscious act, but a result of the unconscious.
They unconsciously used language on stage.
There are times when they don't even know what they said in a speech or presentation. In these cases, they use language unconsciously.
It's not a conscious act, but an unconscious act.

The distinction between conscious and unconscious shouldn't be based solely on language. It can be seen as a phenomenon that arises from the unconscious learning of language.

✷ 일상 생활에서 의식을 얼마나 사용할까

의식과 무의식을 구분해보면, 일반적으로 의식의 사용을 많이 하지 않는 다는 것을 알 수 있습니다.

새로운 것을 배우는 과정이나, 고차원적인 사고를 하는 시간은 의외로 많지 않습니다.

어린 아이는 일반적으로 궁금해 하는 것이 많고 의식을 많이 사용합니다. 일반적으로 배우는 시기가 아니면 의식을 사용을 많이 하지 않는다는 것을 알 수 있습니다.

✱ How much do we use conscious awareness in daily life?

Distinguishing between conscious and unconscious awareness reveals that we generally don't use our conscious awareness very much.

Surprisingly, we don't spend much time learning new things or engaging in higher-level thinking.

Young children are generally curious and use their conscious awareness extensively. You'll notice that we don't use consciousness much unless we're learning.

✽ 언어의 단어와 무의식

단어에는 사전적으로 논리적인 의미 이외에 이미지가 있습니다. 이미지는 의식이 아니라 무의식의 영역입니다.

철학자 니체(Friedrich Wilhelm Nietzsche)의 주인 도덕과 노예 도덕에서 잘 나타납니다.

화려함과 사치는 같은 의미입니다. 화려함은 긍정을 의미하며 사치는 부정을 의미합니다. 호의적으로 설명할 때는 화려하다는 표현을 사용하고, 부정적으로 설명할 때는 사치라는 표현을 사용합니다.

'카드 게임'이라는 단어는 사람마다 부정 또는 긍정의 이미지를 다르게 가지고 있습니다. 도박을 연상하여 부정적으로 생각할 수도 있습니다. 건전한 놀이라고 생각하여 긍정적으로 생각할 수도 있습니다.

우리가 접하는 많은 글에는 이러한 무의식을 이용한 글들이 있습니다. 의식을 사용하여 잘못 이해하는 상황이 발생해서는 안되겠습니다.

* Words and the Unconscious in Language

Words have images in addition to their dictionary-based, logical meanings.

Images are the realm of the unconscious, not the conscious.

This is well illustrated in philosopher Friedrich Wilhelm Nietzsche's master morality and slave morality.

Glamour and extravagance have the same meaning. Glamour implies positivity, while extravagance implies negativity. When describing something positively, we use the word "glamour," while when describing it negatively, we use the word "luxury."

The word "card game" carries different negative or positive connotations for different people. Some may associate it with gambling, leading them to think negatively. Others may think positively, believing it to be a healthy form of play.

Many writings we encounter exploit this unconsciousness. We must avoid misinterpreting it by exploiting our conscious awareness.

✱ 무의식의 판단 충돌로 발생하는 혼돈 상태

의식은 다중 작업이 불가능하며, 무의식은 다중 작업이 가능합니다. 그러면 무의식이 서로 다른 결정을 하려고 하면 어떻게 될까요? 결정을 내리지 못하는 상태가 될 수 있습니다. 이런 상태에서 벗어나는 방법은 의식을 사용하면 됩니다.

영화 속에서 많이 나오는 장면으로 설명할 수 있습니다. 어떤 사람이 위험한 상황에서 결정을 하지 못하고 엉뚱한 행동을 하고 있을 때, 큰 소리로 경고를 하면 엉뚱한 행동을 중단하게 됩니다.

의식이 없고 무의식만 있는 동물의 경우 무의식에 의한 혼돈 상태가 잘 나타납니다. 좋아하는 먹이와 불을 같이 두 면 동물은 결정을 하지 못할 수 있습니다. 좋아하는 먹이를 먹으려는 결정과 불이 무서워서 피하려는 결정이 서로 반복되는 상황으로 설명할 수 있습니다.

인간의 경우도 준비가 되지 않은 상태에서 우왕좌왕하는 경우가 있습니다. 이런 상황에서 빠져 나오는 방법은 침착하게 의식을 사용하는 것입니다. 인간의 경우, 의식이 명확하지 않기 때문에 무의식의 혼돈 상태를 벗어나지 못한다고 설명할 수 있습니다.

* A state of confusion caused by conflicting unconscious judgments

The conscious mind cannot multitask, while the unconscious mind can. So what happens when the unconscious mind tries to make conflicting decisions? It can lead to a state of indecision. The way out of this state is to use the conscious mind.

This can be explained with a scene often seen in movies: When someone is in a dangerous situation, unable to make a decision and acting inappropriately, a loud warning will stop the behavior.

In animals that are not conscious but only unconscious, the state of confusion caused by unconsciousness is well expressed. If a favorite food and a fire are placed together, the animal may be unable to make a decision. This can be explained by the repeated decision to eat the food and the decision to avoid the fire out of fear.

Humans, too, can sometimes become confused and unprepared. The way out of this situation is to calmly use the conscious mind. It can be explained that humans, due to their lack of clarity in their conscious mind, are unable to escape the state of unconscious confusion.

✻ 무의식의 논리성 부족으로 발생하는 생각의 충돌

우리가 무의식적으로 알고 있는 것이 실제는 잘못된 것일 수 있습니다.

아래 두 개의 질문에 'Yes' 또는 'No'로 답변을 해주시기 바랍니다.

1. 전 오바마 미국 대통령은 흑인인가?
2. 아버지가 흑인이고, 어머니가 백인이면, 그 사이에 태어난 아들은 흑인인가?

이 두 질문에 쉽게 같은 답을 내지 못하면, 1번 답으로 알고 있던 'yes'는 나의 생각이 아닙니다. 1번과 2번은 정확하게 같은 질문입니다.

인간은 누구나 자신이 속한 집단의 생각에 영향을 받으며, 자신의 집단과 동일한 생각을 하게 됩니다. 집단의 생각에 대해서는 의심하지 않는 경향이 있습니다.

전 오바마 미국 대통령이 흑인이라고 생각하는 것은 우리의 무의식의 생각입니다. 아버지가 흑인이고 어머니가 백인이면 그 자녀는 흑인이 아니라고 생각하는 것도 무의식의 생각입니다.

무의식은 논리가 결여 되어 있습니다.

무의식에는 여러가지 생각들이 있으며, 이러한 생각들은 논리적으로 맞지 않을 수 있습니다. 그러나 의식으로 검토해보면 논리가 맞지 않다는 것을 알고 수정하게 됩니다. 여기서 수정이 된다는 것은 무의식이 더 발전했다고 할 수 있습니다.

이 글을 읽고 새로운 생각을 하신 분들은 이미 무의식의 한 부분이 성장하셨습니다.

* Conflicts of thought arise from a lack of logical reasoning in the unconscious

What we unconsciously believe may actually be incorrect.

Please answer the following two questions with a "Yes" or "No".

1. Is former US President Barack Obama black?
2. If the father is black and the mother is white, is the child born from that relationship black?

If you can't easily answer these two questions, then the "yes" you assumed as the first answer is not yours. Questions 1 and 2 are exactly the same.

Everyone is influenced by the thinking of the group to which they belong and tends to think in line with that group's thinking. We tend to be unaware of group beliefs.

The idea that former US President Obama is black is a subconscious thought. The idea that a child born from a black father and a white mother is not black is also an unconscious thought.

The subconscious lacks logic.

The subconscious contains many thoughts, and these thoughts may be illogical. However, if we examine them consciously, we can recognize their illogicality and correct it. The fact that there's been a change here means that the unconscious has developed further.

Those who have read this and come up with new ideas have already experienced a growth in a part of their unconscious.

＊ 의식과 무의식의 판단 충돌에 대하여

의식과 무의식의 판단 충돌에 대하여 논의된 것을 정리해 보겠습니다.

의식은 논리적인 판단 결과를 만들며, 하나의 결론 또는 결정을 못 할 수 있습니다.
무의식은 다중 작업으로 인하여 여러 결론을 만들 수 있습니다.

인간의 판단은 의식에서 판단과 무의식에서 다수의 판단이 나올 수 있습니다. 이러한 판단들이 서로 충돌하여 결정이 되지 못하는 상황이 발생할 수 있습니다. 이러한 상태에서는 벗어나는 방법은 의식을 강하게 사용하는 방법이 있습니다.

무의식의 판단 결과들 사이에 논리적으로 서로 충돌 될 수 있습니다. 논리적인 충돌을 의식에서 인지하여 수정할 수 있습니다. 이런 과정을 통해서 무의식은 더 향상된 상태가 됩니다.

의식을 인간의 자유 의지로 생각할 수 있습니다. 이것은 동물과의 차이점입니다. 동물은 무의식만 존재하며 자유 의지가 없습니다. 동물은 무의식의 판단 충돌만 있습니다. 이것은 결정을 못하는 상태에서 벗어나기 힘든 이유가 됩니다.

* On Conflicts Between Conscious and Unconscious Judgments

Let's summarize the discussion on conflicts between conscious and unconscious judgments.

The conscious mind generates logical judgments and may reach only one conclusion or no decision.

The unconscious mind, through multitasking, may generate multiple conclusions.

Human judgments can arise from both the conscious and unconscious. These judgments can conflict with each other, leading to a situation where decisions cannot be made. One way to overcome this situation is to use the conscious mind more forcefully.

Logical conflicts between unconscious judgments can arise. The conscious mind can recognize and correct these logical conflicts. Through this process, the unconscious mind can become more advanced.

Consciousness can be thought of as the human free will. This is the difference between animals and humans. Animals exist only in the unconscious and do not possess free will.

Animals experience only conflicts in the unconscious. This explains why it is difficult to escape from a state of indecision.

✷ 소리를 내지 않는 방울뱀의 무의식

무의식 이론을 활용하면 동물의 행동 변화를 설명할 수 있습니다.

향미사라고도 하며, 맹독을 가지고 있는 방울뱀은 북아메리카에 주로 서식합니다.
위협을 느끼면, 경고의 뜻으로 소리를 내는 특성이 있습니다.
방울뱀이 많이 살고 있는 지역에 직업적으로 뱀을 생포하려는 사람들이 생겼습니다. 이런 상황에서 위험을 느끼고 소리를 내는 행동은 불리한 행위입니다. 뱀의 위치를 쉽게 찾을 수 있게 됩니다.

최근 소리를 내지 않는 방울뱀의 비중이 30% 이상으로 급증 하였습니다. 뱀의 행동 특성이 변화한 것입니다. 이러한 변화는 본능에만 의존한다는 기존의 학설로 설명할 수 없습니다.
소리를 내는 기관이 있으나 소리를 내지 않는다는 것은, 기존의 진화론으로 설명 할 수 없습니다. 기존의 진화론은 하드웨어적인 구조를 강조하기 때문입니다. 동물의 소프트웨어 구조인 무의식을 적용해보겠습니다.

✶ The Unconsciousness of Silent Rattlesnakes

The theory of the unconscious can explain changes in animal behavior.

The highly venomous rattlesnake is native to North America.

It has the characteristic of vocalizing when threatened as a warning.

Professional snake hunters have emerged in areas where rattlesnakes are abundant. In such situations, vocalizing when threatened is considered a disadvantage, making the snake easier to locate.

Recently, the proportion of silent rattlesnakes has increased to over 30%. This represents a change in snake behavior. This change cannot be explained by conventional theories that rely solely on instinct.

The presence of vocal organs but the absence of vocalization cannot be explained by conventional evolutionary theory, as conventional evolutionary theory emphasizes the hardware structure. Let's apply the unconscious, the software structure of animals.

무의식에 의한 학습이라는 이론을 적용하면 이러한 것이 너무나 자연스럽게 설명이 됩니다. 하드웨어적인 변화가 아니라, 소프트웨어적인 변화로 설명이 됩니다.

소리를 내는 기관의 유무는 유전자에 의해서 결정이 되는데, 유전법칙에 의해서 기형이 아니면 동일하게 존재합니다.
소리를 내면 상대가 경계하고 피하는 것이 아니라, 오히려 생존에 불리하다는 것을 알게 됩니다. 이러한 것이 학습되면, 하드웨어적인 이유가 아니라 소프트웨어적인 이유로 소리를 내지 않게 됩니다.

방울뱀의 무의식에서의 초기 상태는 방울 소리를 내는 것일 수 있습니다. 이런 초기 상태가 생존에 불리하게 되면, 변할 수 있습니다. 하드웨어적인 진화가 아니라 소프트웨어적인 진화입니다.

The theory of unconscious learning explains this phenomenon quite naturally. It explains a change in software, not hardware.

The presence or absence of a vocal organ is determined by genes, and by the laws of heredity, unless it's a deformity, it's always present. They learn that vocalization doesn't cause their opponents to be wary or avoid them; rather, it's detrimental to their survival. Once this is learned, vocalization ceases, not for hardware reasons, but for software reasons.

A rattlesnake's initial state of unconsciousness may be to make a rattling sound. If this initial state becomes detrimental to survival, it can change. This is software evolution, not hardware evolution.

변화된 무의식이 유전으로 전달되는 것은 불가능합니다. 그러나 부모부터 배우는 학습으로 인하여 후대로 전달 될 수 있습니다.

여기서 확인된 사실을 아래와 같이 정리할 수 있습니다.

1. 신체 기관의 변화가 아니라, 무의식만 변화하여 환경에 적응 하는 경우가 있다. (무의식의 변화)
2. 퇴화 기관의 의미보다 환경에 불리하기 때문에 사용하지 않는 기능이 된다.
3. 동물의 본능(무의식)이 변화 할 수 있으며, 하드웨어적인 기관의 변화가 아니다.
4. 진화론에서 무의식의 변화를 적용할 수 있다. (소프트웨어적인 진화와 적응)
5. 태어날 때의 무의식의 상태가 유전된다는 증거는 없습니다. 그러나 부모로부터 학습을 하는 것이 일반적입니다. 변화된 무의식은 학습으로 자식들에게 이어질 수 있습니다.

동물의 문화가 부모로부터 자식에게 이어진다고 생각할 수 있습니다.

It's impossible for a changed unconsciousness to be passed on genetically. However, it can be passed on to future generations through learning from parents.

The facts confirmed here can be summarized as follows:

1. There are cases where only the unconscious mind changes to adapt to the environment, without any changes in the physical organs. (Changes in the unconscious for adaptation to the environment)
2. Rather than meaning a degenerate organ, it becomes a function that is unused because it is disadvantageous to the environment.
3. Animal instincts (the unconscious) can change, not changes in the hardware of the organ.
4. Changes in the unconscious can be applied to evolutionary theory. (Software evolution and adaptation)
5. There is no evidence that the unconscious state at birth is inherited. However, it is common for it to be learned from parents. A modified unconscious state can be passed on to children through learning.

It is conceivable that animal culture is passed from parents to children.

＊ 범고래와 인간의 관계에 대한 무의식

무의식 이론을 활용하여 동물을 변화를 설명하는 다른 예시입니다. 여기에서는 동물 보호의 중요성도 설명이 됩니다.

사용할 무의식 이론을 간단하게 정리해 보겠습니다.
무의식의 초기 상태는 판단 알고리즘이 정보화 되어서 저장이 되어 있다고 보는 것이 맞습니다. 그리고 그 데이터는 변화한다고 볼 수 있습니다.

동일한 풍경에서 동일한 감정을 느끼는 것은 무의식의 결과물이며, 같은 종에서는 유사한 무의식의 초기 상태가 존재해야 합니다. 사람의 경우 너무 복잡한 요소가 많아서 초기 상태를 확인하기가 어렵습니다.

범고래의 경우, 사람을 공격하지 않습니다. 이것은 범고래가 사람을 공격하지 않는 초기 상태를 가지고 있다고 생각할 수 있습니다.

사람을 공격하는 범고래도 존재합니다. 이것은 범고래의 초기 상태와 다른 경우 입니다. 사람을 공격하는 범고래는 사람에게 사육된 범고래입니다. 사람과의 관계에서 범고래의 초기 상태가 변화했다고 볼 수가 있습니다.

사람을 공격하는 범고래로 인하여, 범고래를 학살한 적이 있습니다. 학살로 인하여 범고래가 인간을 공격하지 않게 변화한 사실이 있습니다. 이것으로 범고래의 초기 상태가 다시 바뀌었다고 설명이 가능합니다. 그러나 이것은 친밀감에서 두려움으로 무의식이 변화를 했다고 보아야 합니다.

* The Unconscious in the Relationship Between Orcas and Humans

This is another example of using the theory of the unconscious to explain changes in animals. It also explains the importance of animal conservation.

Let's briefly summarize the theory of the unconscious.

The initial state of the unconscious can be viewed as a stored, informationalized judgment algorithm. This data can be considered to change.

Feeling the same emotions in the same setting is a product of the unconscious, and similar initial states of the unconscious should exist within the same species. In the case of humans, the initial state is difficult to determine due to the complexities involved.

Orcas do not attack humans. This suggests that orcas have an initial state that prevents them from attacking humans.

Orcas that attack humans also exist. This is a different case from the initial state of orcas. Orcas that attack humans are captive orcas. It can be seen that the initial state of orcas has changed due to their relationship with humans.

There have been instances where orcas were slaughtered due to attacks on humans. This slaughter has led to orcas changing from attacking humans to no longer attacking humans. This could explain the killer whale's initial state of mind shifting again. However, this should be viewed as an unconscious shift from intimacy to fear.

✱ 의식과 무의식을 활용하는 바둑 게임

인간이 의식과 무의식을 활용하여 생각한다는 것은 명확합니다.
생각하는 방식에서 동물과 다르게 인간의 경우 복합적인 요소가 많아서 설명하기 어렵습니다.

의식과 무의식에 대하여 설명하기 좋은 예가 바둑 게임입니다. 바둑 게임은 의식과 무의식을 동시에 사용하며 무의식의 성장을 설명할 수 있습니다.

바둑 게임은 361개의 선택 가능한 경우의 수를 제시합니다. 게임이 진행이 되면서 경우의 수는 줄어드나, 상대방의 대응을 고려해야 하기 때문에 선택의 어려움은 더 증가 합니다.

바둑 게임은 인간의 연산 능력으로 정확하게 계산하여 판단할 수가 없습니다. 이것은 의식으로 판단하기에 한계가 있다는 의미입니다. 의식의 판단에 한계가 있을 경우, 무의식의 판단을 사용하는 것이 유리할 수 있습니다.

바둑 게임은 전략 게임이기 때문에 논리적인 판단이 필요합니다. 의식의 사용이 필수적이라는 의미가 됩니다. 정리하면, 의식의 판단에 한계로 무의식의 판단을 사용해야 하며, 논리적인 판단이 필요할 때 의식의 판단을 사용해야 합니다.

∗ The Game of Go

It's clear that humans utilize both the conscious and unconscious mind to think.

Unlike animals, human thought involves many complex factors, making it difficult to explain.

The game of Go is a good example of explaining the conscious and unconscious mind. The game of Go utilizes both the conscious and unconscious mind simultaneously, allowing it to illustrate the growth of the unconscious mind.

The game of Go presents 361 possible choices. As the game progresses, the number of possible choices decreases, but the difficulty of making decisions increases due to the need to consider the opponent's responses. Go is a game that cannot be accurately calculated and judged using human computational power. This means that conscious judgment has its limitations. When conscious judgment is limited, utilizing unconscious judgment can be advantageous.

Because Go is a game of strategy, logical judgment is essential. This means the use of conscious judgment is essential. In short, unconscious judgment should be used when conscious judgment is limited, and conscious judgment should be used when logical judgment is required.

＊ 바둑 게임에서 의식과 무의식

바둑 게임에서 의식과 무의식을 어떻게 사용하는지 설명해야 합니다.

　바둑 게임에서 다음 착수를 결정할 때, 두 가지 방법이 있습니다.
경우의 수를 계산해서 명확하게 결정하는 방법과 감각적으로 좋다고 생각하는 착수를 결정하는 방법입니다.
경의의 수를 계산하는 방식은 의식의 방식이며, '수 읽기'라는 표현을 사용합니다. 논리적으로 의식을 사용하여 검토하는 방식입니다.
감각적으로 찾는 방식은 무의식의 방식입니다. '떠오른 수'라는 표현을 사용합니다. 감각의 결과는 의식에서 검토가 필요합니다. 논리적으로 좋지 않은 결정이라는 결과가 나오는 경우도 많습니다.

무의식인 감각으로 착수를 예정하고, 의식으로 검토하는 방식을 계속 반복하는 것이 바둑 게임입니다. 전략 게임에서 '수 읽기'를 통하여 논리적으로 생각한다는 사실은 당연합니다.

무의식의 판단 결과에서 다음 결정이 나온다는 것을 설명 드리겠습니다.
프로 바둑기사 이세돌과 인공지능 알파고의 대결에서 '기세'와 '느낌'이라는 용어가 나왔습니다. 감각을 의미하는 단어입니다.
기세나 느낌에 의한 바둑돌의 착점은 논리적으로 설명하지 못하며,

그냥 '떠오른 수'라고 이야기 합니다. 논리적으로 설명하지 못한다는 것은 무의식의 결과라고 설명할 수 있습니다.

✶ Consciousness and the Unconscious in the Game of Go

We need to explain how the conscious and unconscious are used in the game of Go.

There are two ways to decide on the next move in the game of Go:

Calculating the number of possible moves and making a clear decision, and deciding on a move that feels good intuitively.

Calculating the move is the conscious method, and is referred to as "reading the move." This is a logical, conscious review of the move.

The intuitive method is the unconscious method, and is referred to as "the move that comes to mind." The results of this intuition require conscious review. This often results in a logically poor decision.

The game of Go involves planning moves using unconscious intuition and then repeatedly reviewing them with the conscious mind. It's natural to think logically in a strategic game through "reading the move."

I will explain that the next decision is derived from the results of the unconscious judgment.

During the match between professional Go player Lee Sedol and the artificial intelligence AlphaGo, the terms "momentum" and "feeling" emerged. These terms refer to a sense of feeling. The landing of a Go stone based on momentum or feeling cannot be explained logically, and is simply described as a "move that comes to mind." This inability to explain logically can be explained as a result of the unconscious.

✽ 바둑 게임에서 무의식의 성장

바둑 게임을 배우는 과정은 '수 읽기'라는 논리적인 의식을 성장시키는 과정과 감각이라는 무의식을 성장 시키는 과정이 있습니다.

비공식 바둑 게임 룰에 '3초 바둑'이라는 것이 있습니다. 의식을 사용하지 않기 위해서 3초라는 제한된 시간을 사용하는 방식입니다. 논리적인 생각을 하지 않고 감각이라는 무의식만 사용하는 방식입니다. 의식에 의존하지 않아도 일반적으로 고수와 하수가 나누어 집니다. 여기서 무의식에 의한 판단도 성장한다는 것을 명확하게 알 수 있습니다.

바둑의 감각은 훈련을 통해서 성장 시킬 수 있습니다.
무의식의 사고를 의식을 통하여 성장시키는 것이 가능하다는 증거입니다.

비공식 바둑 게임 룰의 '3초 바둑'을 하는 상황은 일반적으로 피곤하여 의식을 사용하기 힘들 때입니다. 특히 전문적으로 바둑을 배우면서 피곤하여 수 읽기가 힘든 상황에서 하는 경우가 종종 있습니다. 여기서 재밌는 사실은 의식의 사용은 인간을 더 많이 피곤하게 한다는 것입니다.

의식은 무의식에 비해서 느리고 인간을 더 피곤하게 만드는 시스템이라고 할 수 있습니다.

∗ The Growth of the Subconscious in the Game of Go

The process of learning to play Go involves developing the logical conscious mind, known as "reading moves," and the unconscious mind, known as "intuition."

There's a rule in unofficial Go called "3-second Go".

This is a method of using a limited time of 3 seconds to avoid using consciousness. This involves forgoing logical thinking and relying solely on the subconscious, known as "intuition." Even without relying on the conscious mind, the distinction between expert and inferior players is often made. This clearly demonstrates that unconscious judgment can also develop.

Go intuition can be developed through training.

This demonstrates the potential for developing unconscious thinking through conscious thought.

The "3-second Go" rule in unofficial Go is typically used when one is tired and unable to use the conscious mind. This is especially true for those learning Go professionally, who often find themselves tired and unable to read moves. Interestingly, the use of the conscious mind actually tires people more. The conscious mind is a slower and more tiring system than the subconscious mind.

✱ 무의식과 의식의 관점에서 바둑 인공지능

바둑 인공지능에 대해서 의식과 무의식 관점에서 이야기 해보겠습니다.

바둑 인공지능은 무의식의 방식으로 다음 착점을 결정합니다. '좋다'와 '나쁘다'를 판단 하기 위해서는 의식을 방식을 사용해야 논리적이며 오류가 없습니다. 알파고에서는 무의식 뿐 아니라 의식의 방식도 사용합니다. '형세 판단'입니다.

'형세 판단'은 바둑의 룰에 따라서 승부를 미리 예측하는 방법입니다. 얼마 만큼 유리한지 숫자로 표시가 됩니다. 숫자로 표시가 된다는 것은 논리적이며 구체적인 표현이 가능하다는 의미입니다. 즉 의식의 방식입니다.

바둑 게임에서 인간은 종반에 가지 않으면, 명확하게 얼만큼 유리한지 판단을 하지 못합니다. 바둑 인공지능은 초반부터 정확하게 표시를 합니다.

무의식에 의해서 결정하고 '형세 판단'이라는 의식의 방식으로 최선을 찾아내는 것이 바둑 인공지능이라고 생각 할 수 있습니다.

* Go AI from the Perspective of the Subconscious and Conscious

Let's discuss Go AI from the perspectives of the conscious and subconscious.

Go AI uses an unconscious approach to determine the next move. To determine "good" or "bad," a conscious approach is necessary, ensuring logic and error-free decisions. AlphaGo utilizes both an unconscious and a conscious approach: "positional judgment".

"Positional judgment" is a method of predicting the outcome of a game according to the rules of Go. The degree of advantage is expressed numerically. This numerical representation means it can be expressed logically and concretely. In other words, it is a conscious approach.

In a game of Go, humans cannot clearly determine the degree of advantage until the late game. Go AI accurately indicates this from the beginning.

Go AI can be thought of as making decisions based on the subconscious and finding the best strategy through the conscious method of "positional judgment".

✱ 바둑 인공지능을 이기는 방법 해석

지금의 바둑 인공지능은 인간이 이길 수 없습니다. 정상급 프로기사가 3점의 핸디캡을 가지고도 승리를 장담하지 못합니다.

미국의 아마추어 '켈린 펄린'이 바둑 인공지능을 이기는 방법을 찾았습니다. 바둑 인공지능 카타고와의 대결에서 15전 14승을 했습니다. 정상적인 진행은 아니며 일종의 바둑 인공지능의 오류를 찾은 것이라고 할 수 있습니다.

'켈린 펄린'이 사용한 방법은 대형 사활을 유도하는 방법입니다. 이러한 방법은 다른 바둑 인공지능에도 통하는 것이 확인 되었습니다.

무의식 이론으로 '켈린 펄린'이 승리한 방법을 풀어보겠습니다. 제가 아마추어 강자까지는 아니지만 취미로 바둑을 즐기는 사람입니다.

✱ Interpreting How to Beat a Go AI

Currently, a Go AI cannot beat a human. Even a top-tier professional player with a three-point handicap cannot guarantee victory.

American amateur player Kelly Perlin has discovered a way to beat a Go AI. In a match against the Go AI Katago, he won 14 out of 15 games. This is not a normal game, and can be considered a flaw in the Go AI.

The method Kelly Perlin used is to induce a large-scale life-or-death situation. This method has been confirmed to work with other Go AIs.

Let's explain Kelly Perlin's victory using the theory of the unconscious mind. While I'm not a strong amateur, I enjoy playing Go as a hobby.

바둑에서 인간의 경우, 대형 사활은 무의식의 영역인 감각에 의존하는 것이 아닙니다. 의식의 영역에서 사활을 판단합니다.

'한 집', '두 집', '살아있다' 라는 논리적인 과정을 거치게 됩니다.

바둑 인공지능의 경우, 작은 크기에서는 사활에 대해서 오류가 없습니다. 그러나 대형 사활의 경우 오류가 있습니다.

의식에서 쉽게 판단하는 사활이나 무의식에서는 판단하기 어렵다는 설명도 가능합니다.

In Go, humans don't rely on their senses, which are subconscious. They make life-or-death decisions consciously.

This involves a logical process: "one house," "two houses," and "alive."

In the case of Go AI, there are no errors in life-or-death situations at small scales. However, errors occur in large-scale situations.

One possible explanation is that life-or-death situations are easily judged consciously, but difficult to judge unconsciously.

인간의 경우 의식과 무의식이라는 두 개의 시스템을 사용하면서 이러한 오류를 피할 수 있습니다. 그러나 인공지능은 대형 사활에서 의식을 사용하지 않습니다. 논리적인 절차로 검토하면 쉽게 알 수 있는 결과를 모른다는 것은 사용하지 않았다고 해석할 수 밖에 없습니다.

바둑 인공지능의 형세 판단에서 오류를 보완하는 방식은 인공지능을 학습시키는 방법으로 어렵다고 생각합니다. 무의식의 부분이 아니라 결과를 피드백하는 의식의 영역에 오류가 있기 때문입니다. 수정을 한다면, 대형 사활에서 '한 집', '두 집', '살아있다' 라는 논리적인 과정을 추가하면 됩니다. 인간을 이것을 쉽게 합니다. 그러나 수동적으로 동작하게 만들어 져있는 인공지능은 쉽지 않다고 봅니다.

Humans can avoid these errors by utilizing two systems: conscious and unconscious. However, AI doesn't use its conscious mind in large-scale life-or-death situations. If it doesn't know the result of a logical process, it can only be interpreted as not using it.

I believe that correcting errors in the positional judgment of a Go AI is difficult using training methods. The error lies not in the unconscious, but in the conscious area that provides feedback on the result. If corrective action is needed, it would be to add logical processes like "one house," "two houses," and "alive" to large-scale life-or-death situations. Humans can easily do this, but AI, which is designed to operate passively, will find it difficult.

* 바둑 인공지능이 어려워 하는 것

인간의 연산 능력으로 모든 착수를 검토하는 것이 불가능합니다. 무의식의 연산 능력에서 인간은 인공지능을 이길 수 없습니다.

인공지능이 어려워 하는 것은 인간이 이성으로 판단하는 부분입니다. 대표적인 것이 '축'이라는 것입니다. '축'은 바둑의 초보자가 배우는 것입니다. 그러나 인공지능은 이것을 어려워합니다. 지금의 인공지능은 '축'의 약점 극복했습니다.

인간에게 쉬우나 인공지능이 어려워 하는 것이 있다는 것은 명확합니다. 간단하게 정리하면 바둑 인공지능은 인간의 의식에 해당하는 부분이 성장을 하지 못하고 있습니다.

'켈린 펄린'이 바둑 인공지능을 이기는 방법을 보여 주었습니다. 이것을 배우고 따라하는 것이 가능합니다. 무의식의 영역이 아니라 의식의 영역에서 체계화하고 배우는 것은 인공지능이 아직 하지 못하는 부분입니다.

무의식의 판단은 의식에서 검토가 불가능한 경우에도 결과를 줄 수 있습니다. 이 결과는 항상 좋은 결과만 있는 것이 아닙니다. 이러한 이유로 의식에 의한 검토가 필요합니다.

논리적으로 체계화하고 배우는 것은 의식이 유리합니다. 새로운 것을 배우는 속도는 의식이 빠르다는 것을 알 수 있습니다.

인간은 의식과 무의식이라는 두 개의 생각 시스템을 가지고 있습니다. 각각의 시스템은 성장을 하며 서로 다른 시스템에 영향을 주고 있습니다.

∗ What AI Finds Difficult in Go

It's impossible for humans to review every move with their computational abilities. Humans cannot beat AI in terms of unconscious computational power.

AI struggles with the part where humans make rational judgments. A prime example is "axis." "Axis" is something beginners in Go learn. However, AI struggles with this. Current AI has overcome the weakness of "axis."

It's clear that there are things that are easy for humans but difficult for AI. Simply put, AI in Go is not developing the equivalent of human consciousness.

Kelly Perlin demonstrated how to beat AI in Go. It's possible to learn and emulate this. Systematizing and learning in the conscious, not the unconscious, realm is something AI still lacks.

Unconscious judgments can produce results even when they cannot be reviewed consciously. These results are not always positive. For this reason, conscious review is necessary.

The conscious mind has an advantage in logically organizing and learning. The conscious mind is known to be faster at learning new things.

Humans possess two thought systems: conscious and unconscious. Each system develops and influences the other.

✱ 인간이 가장 높은 성과를 내는 방법

의식과 무의식이라는 두 개의 시스템을 가지고 생각하고 성장하는 인간이 가장 높은 성과를 내는 방법은 무엇일까?

처리 속도가 느린 의식의 방식으로는 최고의 성과를 낼 수 없습니다. 처리 속도가 빠른 무의식을 최대로 사용하는 것이 유리합니다. 이 방식은 의식이 원하는 대로 무의식을 최대한 훈련시키는 것이 가능해야 사용할 수 있습니다. 많은 스포츠에서 최고의 선수들은 이러한 방식을 사용합니다. 많은 연습을 통해서 훈련시킨 후 무의식을 활용합니다.

바둑 게임에서는 아직 상황에 따른 최선의 수가 불명확한 경우가 많이 있습니다. 인공지능이 나오면서 최선의 수는 인공지능이 알려주고 있습니다. 알고 있는 최선의 수가 있더라도 의식에서 최선의 수라고 명확하게 인지 하지 못합니다. 의식의 한계로 인하여 무의식에 훈련이 한계가 있다고 설명할 수 있습니다.

어려운 수학 문제를 풀 때, 수학을 잘하는 분들은 문제를 보자마자 이렇게 하면 풀 수 있다는 생각을 합니다. 일반적으로 의식으로 검토하기 전에 이런 생각을 합니다. 여기서 재밌는 사실을 알 수 있습니다. 몸을 사용하는 것이 아니라 논리적인 문제를 푸는 과정에서도 무의식이 먼저 아이디어를 만들어 냅니다. 일반적으로 '천재'라는 단어를 사용합니다. 그러나 이런 경우 수학을 좋아해서 일반 사람보다 더 많은 수학 문제를 경험하고 훈련했다는 사실을 주목해야 합니다.

* How Humans Achieve Peak Performance

How can humans, who think and develop with two systems—the conscious and the unconscious—achieve peak performance?

Using the slow-processing conscious mind to its full potential is not the best way to achieve peak performance. It's more advantageous to maximize the use of the fast-processing unconscious mind. This approach requires training the unconscious mind to the fullest extent possible, as it adapts to the conscious mind's needs. Top athletes in many sports employ this approach, training through extensive practice before utilizing the unconscious mind.

In the game of Go, the best move for a given situation is often unclear. With the advent of artificial intelligence, the best move is now known to the human mind. Even if the best move is known, the conscious mind cannot clearly recognize it as the best move. This explains why the training of the unconscious mind is limited due to the limitations of the conscious mind.

When solving a difficult math problem, those who excel at math immediately think, "This is how I can solve it." Typically, they think this way before consciously examining the problem. This reveals an interesting fact: even in logical problem-solving, not physical, the unconscious mind generates ideas first. This is why the term "genius" is commonly used. However, in this case, it should be noted that because they like math, they have experienced and practiced more math problems than the average person.

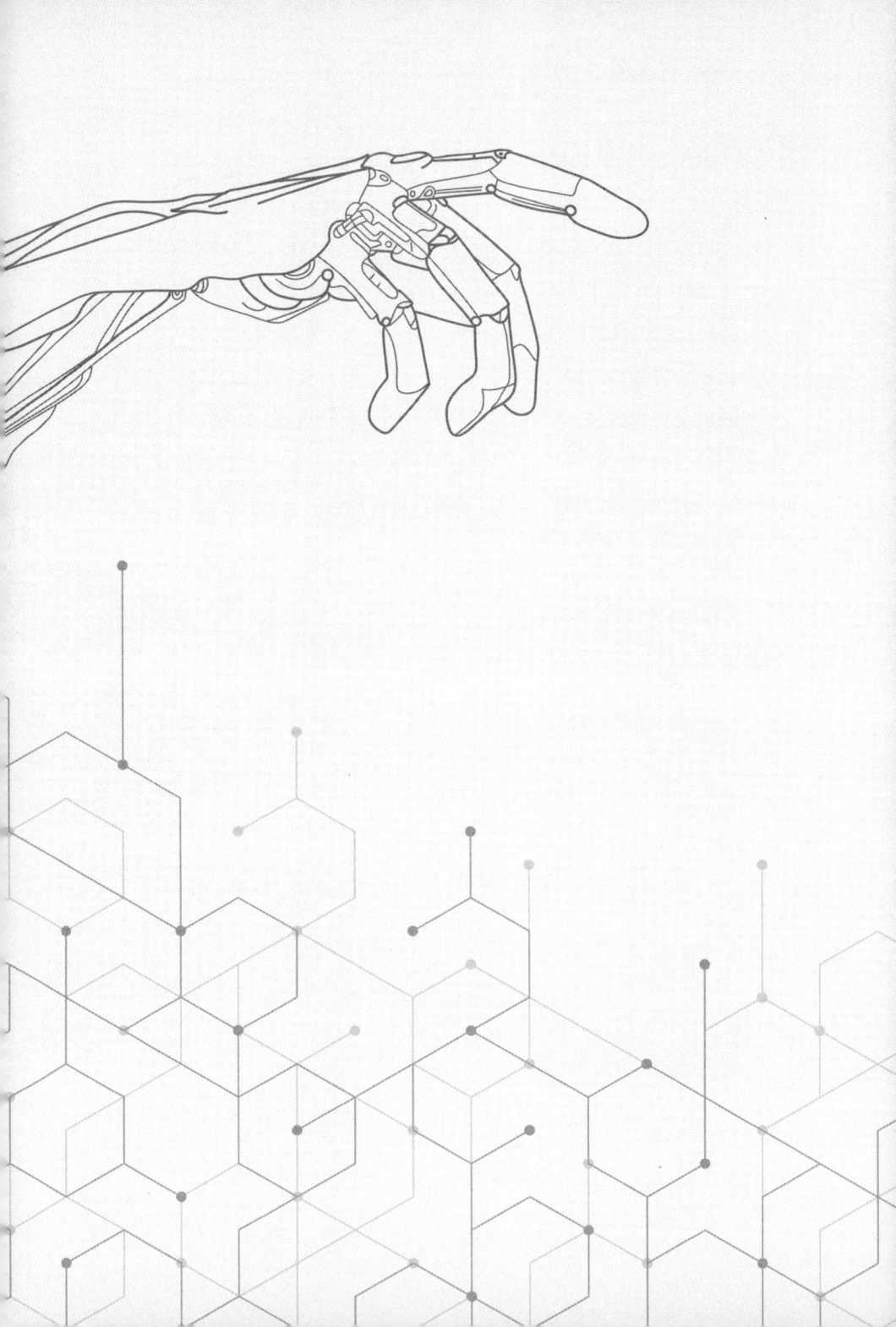

결론

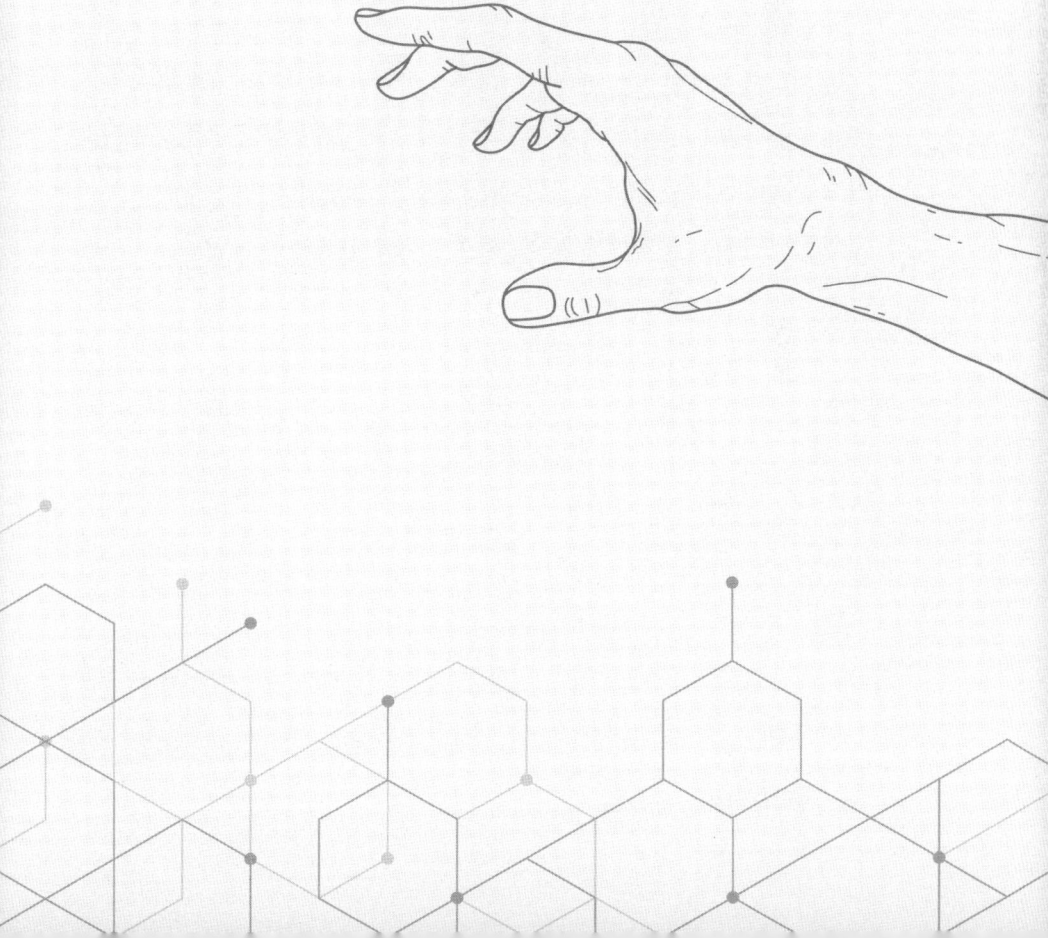

무의식 이론을 정리해 보겠습니다.

인간의 사고는 의식과 무의식의 조화로 이루어집니다.
의식은 다중 작업이 불가능하며, 언어를 기반으로 동작합니다.
무의식은 다중 작업이 가능하며, 이미지를 기반으로 동작합니다.

의식과 무의식은 각각 정보를 저장하는 공간을 가지고 있습니다. 의식은 무의식의 저장된 정보를 사용할 수 있습니다. 무의식이 의식이 저장한 정보를 사용하는 지는 확인 할 수가 없습니다.

무의식은 고차원 적인 판단 알고리즘을 가지고 있으며, 이것은 같은 종에게 유사 또는 동일하게 동작합니다. 의식의 영향으로 무의식은 성장 또는 변화 할 수 있습니다. 무의식 스스로도 변화할 수 있으나 논리적인 판단이 없는 무의식 만으로는 한계가 있습니다.

Let's summarize the theory of the unconscious.

Human thought is achieved through the harmony of the conscious and unconscious. The conscious mind cannot multitask and operates based on language. The unconscious mind can multitask and operates based on images.

The conscious and unconscious mind each have their own storage space for information. The conscious mind can use the information stored in the unconscious mind. It is impossible to confirm whether the unconscious mind uses the information stored in the conscious mind.

The unconscious mind possesses a high-level judgment algorithm, which operates similarly or identically across species. The unconscious mind can grow or change under the influence of the conscious mind. While the unconscious mind itself can change, its existence without logical judgment has its limitations.

동일 종에게 유사 또는 동일한 무의식이 존재한다는 것은 태어날 때부터 존재한다고 생각할 수 밖에 없습니다. 복잡한 알고리즘이 랜덤 방식으로 형성된다면 이것은 불가능하다고 생각됩니다.

동물은 무의식만 있으며, 인간은 의식과 무의식을 가지고 있습니다. 논리적인 사고를 하는 것은 의식의 역할입니다. 의식의 역할로 인하여 인간은 동물과 구분이 됩니다.

The existence of a similar or identical unconscious mind within the same species can only be assumed to be present from birth. If complex algorithms are formed randomly, this is impossible.

Animals possess only the unconscious mind, while humans possess both the conscious and the unconscious mind. Logical thinking is the function of the conscious mind. This function of the conscious mind distinguishes humans from animals.

의식과 무의식은 동시에 동작을 하고 있습니다. 의식과 무의식이 서로 다른 판단을 하고 있으면, 결정을 하지 못하는 상태가 될 수 있습니다. 무의식은 다중 작업이 가능하므로, 무의식 내부에 두 개의 다른 판단을 할 수도 있습니다. 이러한 경우도 결정을 하지 못하는 상태가 될 수 있습니다.

인간만이 언어 알고리즘을 가지고 있다고 볼 수 있습니다. 동물 중에서 문장을 따라서 말하는 동물은 있으나 문장을 만들 수 있는 동물은 없습니다. 인간은 아이큐가 낮아도 언어를 구사하는 경우가 많으나, 동물은 언어를 구사하는 경우가 없습니다.

무의식 이론이 필요한 이유는 여러가지로 설명할 수 있습니다. 스스로를 알고 이해하기 위한 철학적인 필요성, 더 좋은 판단을 하기 위한 의식과 무의식의 결정 과정을 이해, 인공지능 개발을 위한 이해 등을 이야기할 수 있습니다.

The conscious and unconscious mind operate simultaneously. If the conscious and unconscious minds make different judgments, decision-making can become impossible. Because the unconscious mind can multitask, it can hold two different judgments within itself. This can also lead to decision-making instability.

Humans are the only ones who possess a language algorithm. Some animals can speak in sentences, but none can form sentences. Humans often use language even with low IQs, but animals do not.

There are various reasons why a theory of the unconscious mind is necessary. These include the philosophical need to know and understand ourselves, the understanding of the conscious and unconscious decision-making processes for better judgment, and the development of artificial intelligence.

무의식 이론과 인공지능

초판 1쇄 인쇄 2025년 11월 13일
초판 1쇄 발행 2025년 11월 27일

지은이 정구창
펴낸이 김지홍
디자인 최이서

펴낸곳 도서출판 북트리
주소 서울시 금천구 서부샛길 606 30층
등록 2016년 10월 24일 제2016-000071호
전화 0505-300-3158
팩스 0303-3445-3158
이메일 booktree11@naver.com
홈페이지 www.booktree11.co.kr

정가 12,000원
ISBN 979-11-6467-201-1 (13500)

· 이 책은 저자권에 등록된 도서로 저작권법에 따라 무단전재 및 복제와 인용을 금지합니다.
· 이 책 내용의 전부 및 일부를 이용하려면 저작권자와 도서출판 북트리의 서면동의를 받아야 합니다.
· 잘못된 책은 구입하신 서점에서 바꾸어 드립니다.